极简商业思维
BUSINESS THINKING

实现人生精进的88个底层逻辑

王达峰 —— 著

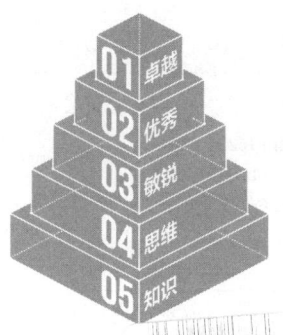

01 卓越
02 优秀
03 敏锐
04 思维
05 知识

重庆出版集团 重庆出版社

图书在版编目（CIP）数据

极简商业思维：实现人生精进的88个底层逻辑 / 王达峰著. -- 重庆：重庆出版社, 2024.6
ISBN 978-7-229-18474-2

Ⅰ.①极… Ⅱ.①王… Ⅲ.①商业经营—通俗读物
Ⅳ.①F713-49

中国国家版本馆CIP数据核字(2024)第044000号

极简商业思维：实现人生精进的88个底层逻辑
JIJIAN SHANGYE SIWEI:SHIXIAN RENSHENG JINGJIN DE 88 GE DICENG LUOJI

王达峰　著

出　　品：华章同人
出版监制：徐宪江　连　果
特约策划：乐律文化
责任编辑：李　翔
特约编辑：王　钢
营销编辑：史青苗　刘晓艳
责任校对：陈　丽
责任印制：梁善池
封面设计：异一设计

重庆出版集团
重庆出版社　出版

(重庆市南岸区南滨路162号1幢)
三河市嘉科万达彩色印刷有限公司　印刷
重庆出版集团图书发行公司　发行
邮购电话：010-85869375
全国新华书店经销

开本：880mm×1230mm　1/32　印张：11.5　字数：288千
2024年6月第1版　2024年6月第1次印刷
定价：59.80元

如有印装质量问题，请致电023-61520678

版权所有，侵权必究

听得懂的商业分析,学得会的人生精进

《极简商业思维:实现人生精进的88个底层逻辑》是我与团队花了将近半年时间,不断打磨和修正的书,甚至有一段时间我只做了一件事情,那就是修改这本书的大纲。我想借此感谢在这个过程中不断被我们"骚扰"的老师、同学以及用户,他们给了我们很多宝贵的建议。

在这个商业社会,处于其中的每个人,不管从事什么工作,甚至不管是否在工作,都应该知道自己是个独立的、独一无二的商业个体。因为人们每天都能接触到商业,哪怕到楼下的商店买一包口香糖,都已经参与到整个商业社会当中了。

可是很少有人停下来给自己一点时间了解一下商业逻辑,学习一下商业知识,甚至有些人还很排斥做这些事情。因此,我很纠结如何写这本书才能让它既符合时代的需要,又通俗易懂,关键还能让大家觉得很有趣。

我与团队思考许久,最后决定从脑科学的角度切入,因为它既有趣又有用。本书最重要的部分是讲述每个商业个体的学习、进步以及成长,并让大家意识到自己认知上的盲区。

本书分为六个篇章，第一个篇章叫作关键原理篇，帮助大家认知科学和商业原理。第二个篇章叫作现象篇，剖析商业现象和社会现象，让大家知其然也能知其所以然。第三个篇章叫作实操篇，汇集众多高手的建议，没有对错，但都会有实际的结果呈现，有效果比有道理更重要。第四个篇章叫作思维工具篇，用工具帮大家培养两种关键思维能力，分别是表达思维和逻辑思维。第五个篇章叫作经营篇，每个人都在经营一家公司，这家公司的名字就叫作"我的有限公司"，在这家公司中，你是有且仅有的一名经营者，你的认知水平、迭代能力，决定了这家公司的发展前景。最后一个篇章叫作关键时刻，在关键时刻你的一句话、一个举动可以提升目标达成的概率。

虽然本书讲的是商业，但我争取描述得更生活化，虽然书中的知识有些枯燥难懂，但内容方面我会争取讲得生动有趣。本书旨在提供听得懂的商业分析，学得会的人生精进，希望此书能带给大家一些启发。

王达峰

2024 年 6 月

目录

第 1 章 • 关键原理篇——认知科学和商业原理

01. VUCA 时代的我们如何精进？/ 3
02. 大脑里到底有几个"我"？/ 7
03. 搞定大脑的大股东，切中对方的右脑 / 11
04. 习得性无助 / 17
05. 大脑的超级"BUG"，我们应该怎么破？/ 21

第 2 章 • 现象篇——剖析商业现象和社会现象

06. 价格与价值 / 29
07. 流量与转化率 / 34
08. 机会成本和沉没成本 / 39
09. 边际成本与边际效用 / 44
10. 智猪博弈 / 49
11. 复利真的可以被称为最伟大的发明吗？/ 53
12. 概率 / 58
13. 有些花费，其实你一点也不心疼 / 62
14. 损失规避 / 66
15. 锚定心理 / 70

16. 比例偏见 / 74

17. 巴纳姆效应 / 79

18. 结果偏见 / 83

19. 推销、销售和营销 / 86

20. 不整数原则 / 90

21. 期望值 / 93

22. 凡勃伦效应 / 96

23. 路径依赖 / 99

24. 心安理得效应 / 103

25. 羊群效应 / 106

26. 破窗效应 / 110

27. 宜家效应 / 114

28. 枪手博弈 / 117

29. 囚徒困境 / 120

30. 首因效应和近因效应 / 124

31. 权力转移 / 128

32. 区块链 / 131

33. 联盟 / 135

34. 新零售 / 138

35. 阿米巴 / 142

36. 精力管理 / 146

第 3 章 • 实操篇——有效果比有道理更重要

37. 能力圈原则 / 153

38. 幸福汉堡 / 156

39. 战胜拖延 / 160

40. 烦躁的反面是洞察力 / 164

41. 贫穷心态 / 168

42. 错误管理 / 172

43. 微习惯 / 176

44. 9月效应 / 180

45. 刻意练习 / 183

46. 心想事成 / 186

47. 管理时间的方法 "GTD" / 193

48. 卡瑞尔公式 / 197

49. 未来绑定法 / 201

50. 化整为零，化零为整 / 205

51. 感知时间 / 208

52. 不确定性的说服力 / 212

53. 小数字假说 / 216

54. 双因素激励理论 / 220

55. 主场和客场 / 225
56. 归因偏差 / 228
57. 化敌为友 / 232
58. 峰终定律 / 236
59. 倾听术 / 240

第4章 ● 思维工具篇——培养表达思维和逻辑思维

60. 矩阵思维 / 247
61. 汉堡包模型 / 252
62. 非暴力沟通 / 255
63. 喂养机会，才能饿死问题 / 259
64. 多鼓励少表扬 / 262
65. 整体性诉求 / 266
66. 时间线 / 270
67. 金字塔原理 / 273
68. SWOT 分析法 / 276
69. MECE 分析法 / 282
70. 麦穗理论 / 284
71. 批判性思维 / 287

72. 大胆假设 / 291

第 5 章 • 经营篇——能力决定发展前景

73. 团队行话 / 297
74. 协同作战 / 300
75. 深度工作 / 303
76. 忠诚管理 / 307
77. 权力的分类 / 312
78. 以终为始 / 316
79. 能力等于选择 / 319
80. 火炉原则 / 322
81. 最重要的事，只有一件 / 325
82. 清单革命 / 328
83. 奥格尔维定律 / 332
84. 主动承诺 / 336

第 6 章 • 关键时刻——用巧力而不是用蛮力

85. 执行意向 / 343
86. 决策树模型 / 346
87. 远一点的机会 / 350
88. 激发意义 / 354

第 1 章

关键原理篇
——认知科学和商业原理

人与人的差距，本质上就是认知的差距。而大脑，就是认知迭代的 CPU，但我们却很少去理解这个 CPU 的工作原理。它也有喜好，甚至有 bug，如果我们想的不是改变它，而是顺势的用好它，或许能更有助于理解这个纷繁复杂的商业世界。所以在这篇里，我们先聊了几个与认知相关的关键原理。

01 VUCA 时代的我们如何精进？

> 环境越来越复杂，是"复杂"，而不是"难"。难，大多可以靠努力和勤奋解决；但复杂，一味地努力和勤奋或许解决不了。这需要更灵活和开放的思维模式。

VUCA

VUCA 这个词是近几年来特别流行的一个词，VUCA 念成"乌卡"，它是一个缩写词，"V"代表易变性，"U"代表不确定性，"C"代表复杂性，"A"代表模糊性。

VUCA 的意思正贴合这个时代的特征，易变、不确定、复杂而且模糊。如果要用另外一个词语来说明 VUCA，我认为这个词语可以叫作"极度复杂系统"。极度复杂系统用商业中的一句话来解释它，就是这个时代从还原论所描述的情况逐渐进到了生物进化论所描述的情况。

还原论与生物进化论

● **还原论**

还原论的代表人物是牛顿,他认为这个世界是确定的、可以计算的。我们能够通过数学方法知道一颗行星所处的位置,其沿着怎样的轨道运行,以及杯子掉到地上的力量是否能导致其破碎。一切都可以计算,一切都是有秩序的。

● **生物进化论**

生物进化论的代表人物是达尔文,达尔文告诉我们,"物竞天择,适者生存"。进化的方向是不可预知的,而进化的本质是一种变异。看起来是一个物种进化出的某种能力,其实是一种变异的结果,并且这种变异恰巧适应了环境的变化,从而被环境保留了下来。

生物进化论理论中,世界是混沌的、生物的进化不可预知。

从还原论到生物进化论,世界从秩序到混沌,而这种混沌正是极度复杂系统的特征。

在 VUCA 时代下,每个人都应该从四个角度不断地反省自己。

第一,追溯力。人们要去学习那些最根本的原理。最近特别流行一个词语,叫作"第一性原理",用简单的话说,就是要了解事物背后最基本的原理和逻辑。我经常会给别人一些建议,比如大学生毕业工作了几年后,如果有时间可以重新看一看教科书,因为教科书上的内容是最基本的,而且看书要看一些经典的书。不断尝试追溯一个理论的源头、一个事物的源头,这就是追溯力。

第二,敏感度。最近爆火的 ChatGPT,你体验了吗,还是只刷一刷相关的新闻而已?一个真正体验过 ChatGPT 和只是听说过

ChatGPT 的人，对 AI 的理解和感知会截然不同。伴随着 ChatGPT 的广泛应用，提示词技巧成为一种新兴的小技能，你又有哪些自己独到的提示词技巧呢？这不仅仅是一种时代的谈资，更是一种应知应会的技能。你是尝鲜者，还是好奇者，还是最后成为被动接受者？

第三，开放的大脑。不追究对错，但永远追求观点的碰撞、思想的碰撞。

第四，容错性。我们应不断反问自己是否具备容错性。有人说机器会超越人类，其实机器很难超越人类，原因是机器太准确了。一台机器复制另外一台机器是不会出错的，可是人会犯错。但你会发现很多创新、很多新能力的进化，就是伴随某种"错误"产生的。所以在复杂的时代下，我们要有一点容错性，不要像机器一样追求百分之百的准确。

我们用下图总结一下 VUCA 时代人们需要反省的四个角度。

追溯力、敏感度、开放的大脑、容错性的结构示意图

小结

　　降低自己对秩序的掌控欲,接纳无序,是这些年创业者一门共同的必修课。

　　成果,很多时候不是组装出来的,而是"长"出来的。看似不可控的商业活动,其背后依然有节奏,帮助大家看清这些节奏,正是这本书的目的之一。

 **大脑里到底有几个"我"?**

很多人看到这个话题会疑惑,大脑的想法就是"我"的想法,"我"就是"我",怎么会有几个"我"呢?这说明我们对大脑的了解还是太少了。大脑是我们身体最神秘也是最伟大的器官,本篇我们来讲一讲大脑,以及大脑中的胼胝体。

胼胝体

胼胝体是连接左右大脑半球的横行神经纤维束,换句话说就是连接左右大脑半球的"海底电缆"。因为它的存在,左右大脑半球就可以完全做到信息共享。胼胝体是哺乳类真兽亚纲的特有结构,并不是所有动物都有的,像鸟类、爬虫类生物就没有胼胝体。正常情况下左右脑的信息可以完全共享,可是胼胝体也会出现断裂的情况,有些是外力所致，有些则是天生的，不管是后天的还是先天的，对于胼胝体断裂的人，我们都称其为"裂脑人"。那么如果人的胼胝体断裂，会出现怎样的情况呢？

实验分析

左脑半球接收来自人体右侧的感觉信息，并控制人体右侧器官的动作，右脑半球则接收来自人体左侧的感觉信息，并控制人体左侧器官的动作。左脑半球负责人的语言功能，右脑半球虽然有理解能力，但是不负责人的语言功能。

有一个小男孩，天生胼胝体断裂，科学家做了一个实验，蒙住小男孩的左眼，让他用右眼看一句话——"你长大了想做什么？"用右眼看，这就代表信息进入的是左脑，左脑负责人的语言功能，小男孩说："我长大了想当一名赛车手。"紧接着科学家蒙住小男孩的右眼，让他用左眼看同样的一句话。用左眼看，信息进入的是右脑，右脑有理解能力，但却不负责人的语言功能，所以科学家就让小男孩用字母卡拼出单词，于是小男孩就用左手拼出了一个单词，而这个单词是"设计师"。

实验结果惊呆了众人，人们不禁猜想这个小男孩的大脑里到底有几个人格存在。他的左脑想当一名赛车手，可是他的右脑又想当设计师，两个"我"的理想完全不同。"裂脑人"的实验结果，让很多科学家目瞪口呆。

后来人们发现，在第二次世界大战后，有很多老兵因为战争等外力因素导致胼胝体断裂，出现左手关门、右手开门，左手系扣子，右手把刚刚系的扣子解开的情况，似乎他们在分裂中生活着。

还有很多实验证明了左右半脑具有独立思维功能，拥有独立的社会意识、抽象能力以及判断能力和学习能力。甚至还有一个实验，让人们发现了，我们会自欺欺人，而且总会把自己骗得特别完美。

这个实验是让裂脑人看两张图片，让其左眼看雪景图，右眼看鸡爪图，然后给他另外一堆图片，要求他从中选出跟刚刚两张图片相关联的图片。

裂脑人左眼看的是雪景图，因此这个信息进入了他的右脑，于是他的右脑就指使他的左手选了一个铲子图片。铲子可以铲雪，这个完全可以关联。而他的右眼看到的是鸡爪图，所以他的左脑就指使他的右手选择了一张公鸡图片，这也是关联的。

当他选完后，科学家问他为什么这么选，并让他用语言表达，因只有左脑负责人的语言功能，于是他说："因为我看到了鸡爪，所以我选择了公鸡。"科学家又问他："那你为什么要选择铲子呢？"因为裂脑人的左脑没有收到看到雪景的信息，所以他也不知道为什么自己会选择一张铲子图，于是他想了想说："因为公鸡要排泄，所以我选择铲子可以铲排泄物。"

这就是左脑编了一个理由。因胼胝体断裂，左右脑信息不共享，左脑也不知道为什么会做出这种选择，但它会给出一个看起来"无比科学"的理由。人会把自己骗得很完美。

我们知道了左右脑完全可以独立工作，只是侧重点不同。若大家理解了这个原理，了解了胼胝体以及脑科学的研究成果，我们可以怎样运用呢？

我们可以用这种逻辑控制自己的脾气，比如，右脑主要负责情感情绪，生气的时候其实是你的右脑在指使，要想克制情绪有人会采用数数的方法。这个方法是对的，因为可以用左脑来压制一下右脑。但是这个方法往往不太灵，因为数数的顺序对我们来说太熟悉了，左脑几乎不用怎么认真工作就能做到。

  但是若换种方式，比如倒着数或者跳着数，数等差数列或者等比数列，这样能有效平稳情绪。因为这种数数的方式不是我们平常熟悉的方式，需要更多地调用左脑。一旦左脑被更多调用了，右脑就会被有效压制，而右脑激发的情绪也能很快平稳下来。理解了大脑的工作原理，我们就能更有效地运用人脑的这个伟大的组织结构——胼胝体。

  "与自己和谐相处"，此刻，我想你对这句话的感觉可能不太一样了。你内心突然有的一个疯狂的目标，可能正是另一个"我"真实的梦想，别忽视，新的可能也许就在这个"我"的梦想中。

 **搞定大脑的大股东
切中对方的右脑**

> 如果有一天你的女朋友问你："你爱我什么呢？"请问你会怎样回答这个问题？这是一个很有挑战性的问题，我们留到最后再来解答它。

"火车难题"实验

"火车难题"实验是一个思想实验，大家可以跟着我的描述想象一下。如下图所示。

● 第一个场景

你站在一条铁轨旁，从远处开来一列火车，这列火车的速度非常快，并且它失控了。在这条铁轨上躺着五个被歹徒捆绑的人，如果火车继续往前开，这五个人必定会被轧死。此时，在你的身旁有一个拉杆，只要拉动这个拉杆，火车就会开到另一条轨道上，五个人就能得

救。但不巧的是在另一条铁轨上也躺着一个被捆绑的人,若拉动拉杆,这个人就会牺牲,请问你是否拉动拉杆?

"火车难题"实验
第一个场景

● 第二个场景

你站在一座桥上,下面是一条铁轨,一列火车疾驰而来并且失控了,在这条铁轨上五个被绑的人眼看着就要被轧死,而你的身旁有一个人,

"火车难题实验"
第二个场景

此时若你把这个人推下去,则他必定会被火车撞死,但是火车会因此停下来,被绑在铁轨上的五个人就能得救,请问你推不推这个人呢?

若一定要在拉动拉杆或者推人中选一个,你会怎样选择?绝大部分人会选择拉动拉杆,很少一部分人才会选择动手推人。如果从数学的角度分析,这两道题本质上是一样的,都是以一换五,牺牲一个人救五个人。但为什么换了不同的题面,人们给出的答案却截然不同呢?原因是,是否拉动拉杆是一种理性的决策,切中的是人的左脑;而推不推人,会产生情感联结,切中的是人的右脑。

如何提升捐款额?

如果理解了"火车难题"实验,那么接下来大家思考一个问题,如何提升捐款额。假设由你来主持一场捐款活动,目标是让更多的人给非洲的贫穷地区捐款,有以下两种方式可供选择。

第一种,公布一些宏观的数据和描述。比如,全世界最贫穷的三十五个国家当中有二十六个来自非洲;全球 GDP 最低的十个国家当中有九个在非洲;非洲大部分地区特别干旱,降水量很少,农业十分落后,人们只能以野菜充饥;非洲儿童的平均死亡率高达百分之十五,是欧洲的八倍多,比世界儿童的平均死亡率高出了一倍多。

第二种,不讲数据,只描述特定的人物和场景。比如,埃塞俄比亚的一个小女孩是家里唯一活过五岁的孩子,她的兄弟姐妹都夭折了;当我们每天用清水刷牙洗漱的时候,她已经有一整年没有喝过干净的水了;早上她从垃圾堆边醒过来,用满是污垢的双手在垃圾堆里寻找食物,如果运气好的话,她能找到一点食物……用真实的情景来描述小女孩一天的生活,还可以配一张相关的照片和一段短视频。

请问用这两种方式发起的捐款,哪一种的捐款人数会更多?事实证明第二种远比第一种多,因为第二种方式能够有效地刺激人的右脑。

这就像叙利亚三岁小男孩艾伦科迪的遗体在土耳其的沙滩上被人发现所引起的轰动一样。与难民死亡数字相比,穿着红色上衣的小男孩的遗体俯卧在沙滩上的照片,更容易引起国际社会的震惊,并使联合国儿童基金会收到的捐款金额增幅达105%。

 举例分析

一个盲人在街边乞讨,他的脚边放着牌子,上面写着:"我是盲人,请帮帮我吧。"一上午施舍他的人寥寥无几。一位很有创意头脑的广告人员,从盲人身边路过,发现盲人的帽子里只有寥寥无几的一些硬币,于是他在盲人脚边的牌子背面写了一句话,并把牌子调转过来。当天下午,当广告人员再一次路过盲人身边的时候,他发现盲人的帽子里装满了钞票和硬币。

广告人员在牌子上写了什么呢?原来,他把那句"我是盲人,请帮帮我吧"换成了"现在是春天,但是我却看不到"。当人们看到"我是盲人,请帮帮我吧"这句话时,调用的是左脑,而看到"现在是春天,但是我却看不到"这句话时,切中的却是右脑。

如果你理解了这个逻辑,我们回到文章开头的问题。若女朋友问你,"你爱我什么呢?"有些人会绞尽脑汁地说"我爱你的细心、大方、孝顺""你很通情达理"等。但别忘了,这些都是你调用左脑说的话,切中的也是她的左脑。

要想切中对方的右脑，不妨尝试说："那天在操场上，我第一次见到你，当时你正在散步，忽然你回头看了我一眼，然后嫣然一笑，那一刻我仿佛看到了天使。我对自己说，若这个人是我的女朋友，我要用一辈子去爱、去照顾她。"这句话当中包含：一个时间点，"那天在操场上，我第一次见到你"；一件小事，"你在散步时回头看了我一眼"；延展润色，"我仿佛看到了天使"；山盟海誓，"我要用一辈子去爱、去照顾她"。我们可以用下图所示的这个套路切中对方的右脑。

参照这个套路，再换一句话一样有效。比如，"三年前的那天晚上，我因为发高烧住院了，你急急忙忙从另外一个城市赶过来，一整夜没合眼，而且还细心地照顾我，看着你忙碌的身影和暖心的微笑，

我当时就下定决心一定要娶你。"

"一个时间点＋一件小事＋延展润色＋山盟海誓",就能切中对方的右脑。

试想一个场景,今天是王总的生日宴,他是你最重要的商业伙伴,你也受邀参加了。宴会前,主持人意外点名让你上台讲几句,请问,此刻,你上台讲些什么呢?如果只是一味地表达祝福与感谢,这段发言显然无法打动右脑,如果用上文的这个公式,你会说什么?

 习得性无助

思考：如何用一根细绳拴住一头大象？

习得性无助

"习得性无助"是美国心理学家塞利格曼在 1967 年研究动物的时候提出来的。他用狗做了一项经典实验：起初把狗关在一个铁笼子里面，只要蜂鸣器一响就给铁笼子通电，狗被电击后，会四处乱窜、惊恐哀叫，拼命地想逃脱，可是门被锁，狗逃脱不了，因此它只能忍受着电击。

经过多次实验后，蜂鸣器响起，研究人员在给铁笼子通电前，先把铁笼子的门打开。起初研究人员认为门打开了，这只狗肯定会夺门而出，逃避痛苦。可实验的结果是，狗并没有逃脱笼子，而是在蜂鸣器响起时就倒在地上呻吟、颤抖。不是它不想逃脱，而是过去多次的

经历，让它认为电击是躲避不了的，它便只能趴在地上哀叫，等待痛苦的来临。

习得性无助行为不是天生的，而是后天习来的。本来可以主动逃避痛苦却绝望地等待着痛苦的来临，形成一种对现实的无望以及无可奈何的心理状态。

歌曲《暗涌》里面有一句歌词："害怕悲剧重演我的命中命中，越美丽的东西我越不可碰。"这描述的也是一种习得性无助的状态。

习得性无助的表现形式和产生原因

习得性无助最常见的表现是一个人经常消极地面对生活，没有意志力去战胜困难，并且相当依赖别人的建议和帮助。

心理学家在研究"犹太人大屠杀"中集中营里面的幸存者时，发现他们普遍拒绝他人的关心和鼓励，因为这些人在集中营里遭受过非人的折磨，他们认为自己无论做什么都是徒劳的，所以即使后来他们得救了，也依然绝望地面对世界。

生活中也有类似的例子。比如：女生谈了几次恋爱，但很不巧对方都让她失望了，于是她认定自己没有资格找到一个好男人。同样地，男生谈了几次恋爱，女朋友都很漂亮，但因为男生比较腼腆，所以几次恋爱都失败了。若别人给他介绍女朋友，那么他很可能先问对方的长相。若对方长得好看，则他会回答："好看就算了，好看的我都搞不定。"这些都是生活当中普遍会有的情况，也都是习得性无助的表现。过去的失败、过去遭到的别人的背叛，让一些人验证了"我就是这样子的，这种情况我改变不了"的想法。

如何用一根细绳拴住一头大象

回到我们的主题，"如何用一根细绳拴住一头大象？"在大象幼年时，驯象师就用一根绳子把它拴住。小象刚刚被拴住的时候，一定会尝试挣脱，奈何年幼力气小，所以无论怎样挣扎，都挣脱不开。当小象成年后，人们只需要用它小时候见过的那根绳子拴住它，它就不会再挣脱了，因为它已处于习得性无助状态中。

当大象被这根绳子拴住时，它知道这是过去自己尝试无数次都挣脱不了的东西。这种无助感是后天习得的，其实，现在大象只要稍微一用力，便能挣开绳子，但它已经不会去尝试了，就像前面实验中的那只狗一样，明明门已打开它可以夺门而出，但它却倒在地上等待痛苦来临。

规避习得性无助

动物如此，人也如此，都会犯两种错误：一种叫归因错误，一种叫认知偏差。归因错误就是有些人会把某些行为或后果归因于某种内在特质，而忽视所处情境的重要性；认知偏差通俗地讲就是认为自己无法改变任何事情，这是命运，因此不去挣扎，不去改变。

当我们理解了习得性无助，以及理解了产生的原因时，我们就可以在生活中试着去规避习得性无助。

我拿孩子来举例，孩子对事物总是充满好奇并且喜欢尝试。因为好奇，孩子总喜欢到处爬、到处摸，但也往往因为尝试某件事而出错。很多家长因怕孩子受伤都会厉声呵斥，"不要""不准这样做""那个危险"等，每一次孩子都会被迫停止。久而久之，孩子会对自己做的事情不自信,因为他不知道做完之后会不会受到家长的阻止和呵斥。

孩子的内心逐渐埋下了一粒种子——我要成为一个乖孩子,哪也不碰,哪也不摸。但与此同时孩子的心里也埋下了自卑的种子。

我听过一个很棒的建议:无论什么学科,孩子的第一位老师一定要足够有趣。因为这会决定孩子未来会不会喜欢这门学科。另外,还要给孩子更多的即时激励。其实很多孩子都想当好学生,他们都努力过,只是有些人努力过后,不巧都失败了。别人一次次的呵斥,让他们慢慢失去了信心,产生了厌学的情绪。这样的孩子会认为自己天生愚笨、能力不足,学习没有天分,这就是一种习得性的对学习的无助感。

我们身边总会有一些人习惯听从别人,习惯将消极事件、失败结果归因于自身能力不足。希望大家重视"习得性无助"这个词,因为无论是孩子还是成年人,我们有时已不知不觉有了这种"病态"的现象。

 ## 大脑的超级"BUG",我们应该怎么破?

> 大脑有没有超级"BUG"?如果有的话我们应该怎么破?关于这个问题,我想先从演化结构来谈谈我们最常听到的三层大脑。

人脑的最深层叫作原始脑。原始脑负责个体生存、生理安全需求和身体知觉。原始脑距今已有2亿~3亿年的历史。

原始脑的上一层叫哺乳脑。哺乳脑负责处理与情绪有关的事务,哺乳类动物都拥有哺乳脑。

人脑的最外的一层叫视觉脑,也就是新皮层。前文我们谈的左脑、右脑,指的就是大脑新皮层。它控制着认识功能,让我们有理性,能够做出决策、判断等。人脑就是由以上三种物理脑系统组成的。当然这三层是从演化以及生理结构来分的。

但今天我想按照功能属性来区分大脑。我们可以将其分为三个部分:反射脑、思考脑、存储脑。

这两种区分方法如下图所示。

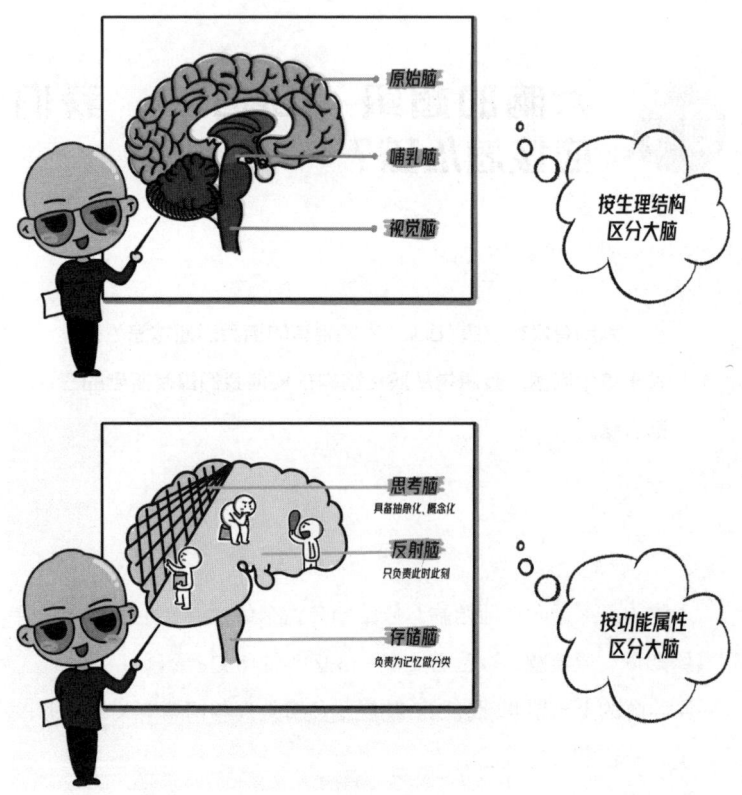

大脑的超级 BUG

接下来我们来聊聊大脑的这三部分都有什么优点，以及它们都有什么"BUG"。

- 反射脑只专注当下状态，喜欢走捷径，忽略很多东西，但反应速度快，能量消耗小

比如，你正在上课，突然周围的人都跑了出去，你的第一反应就是跟着跑出去。当时你不思考、不判断，唯有先跟着大家跑，然后再问发生了什么事。这一定是你当下最有利于生存的判断。反射脑反应非常快，能够固化我们很多好的经验。

反射脑有个"BUG"，就是喜欢自作主张。其实很多事情反射脑根本判断不了，因为它没有太强的思考能力和抽象能力，但因为反应快，往往会做出错误的判断。比如：一斤棉花和一斤铁哪个更重，很显然答案是一样重。之所以回答铁更重，是因为反射脑反应快，自作主张先一步告诉你铁比棉花重。

- 思考脑负责我们当下大部分的理性思考，虽然反应慢但是具备抽象化、概念化的特点，并会进行有效的思考

思考脑有个"BUG"，就是不能"并联"。不能并联的言下之意就是在一个时间点它只能思考一件事情，不能同时思考两件事情。

很多人会质疑，边开车边打电话，不就是并联吗？边炒菜边听音乐，不也是并联吗？其实这是一种假象的并联。假象并联的意思是，其实你的大脑并没有在同时思考两件事情，而只是在进行快速的"串联"切换。一旦你认真听音乐，就有可能在炒菜的时候忘了加盐，而你专心做菜的时候，就可能根本没理解歌词的意思。

- 存储脑负责把我们的记忆分类、整理、归档等

存储脑有个"BUG"，就是跟思考脑势不两立，也就是说思考脑工作的时候存储脑就不工作了。存储脑只在你休息的时候才会默默

地开足马力工作。所以千万不要觉得发呆、睡觉是在浪费时间。当你不再思考的时候，你的存储脑正在把你的记忆分类、整理、归档。

大脑的"BUG"怎么破？

了解了反射脑、思考脑、存储脑，那么大脑的"BUG"怎么破呢？

针对反射脑的建议：既然反射脑反应快又喜欢自作主张，那么我们做重要决策的时候不妨给自己一段空白期。在这个空白期里我们可以发个呆或小睡一会儿再来做重大决策，这样一来，也许你的决策能够更理性一点。所以在做重要判断和决策的时候不要立马拍板。

针对思考脑的建议：不要随时在线。什么叫随时在线？简单来说就是收到信息总是秒回。当你正认真工作时，突然手机响了，若你立即回复，你的大脑就需要产生一个时间切换成本。科学上有一个统计，人每天有28%的时间浪费在切换任务上。所以大家可以规避随时在线。秒回信息是一种美德，但也是对大脑的一种伤害。

针对存储脑的建议：因为存储脑是在人休息的时候工作的，所以我们要掌握好"二八定律"。一个人每天80%的任务，可能是在20%状态好的时候完成的，所以不要逼迫自己以浑浑噩噩的状态拉长工作时间，而是要休息好，用自己20%状态最好的时间做好80%最重要的事情。

小结

给大家以下三个建议:

- 做决策前给自己一段空白期。
- 规避随时在线,降低大脑切换的成本。
- 保证休息,注意符合"二八定律"。

第 2 章

现象篇
——剖析商业现象和社会现象

▶▶▶▶▶▶▶▶

每个人都是商业世界中的个体,既是主体也是客体。理解商业现象,需要理解这些现象中的关键要素和要素之间的关系,才可能透过现象看到本质。商业有"潜规则",但这里的潜规则并不是负面的词,而是指成熟的商业逻辑。这一篇中,将向你展示商业的潜规则。

06 价格与价值

> 思考：是否有产品的价格高于价值的情况呢？

有没有产品的价格是高于其价值的呢？

食盐（必需品）、保温杯（日用品）、路易威登包（奢侈品），这三类产品，哪一种是价格高于价值的呢？很多人会认为奢侈品的价格是高于价值的，一两千元的成本，却能卖到几万元，所以它的价格明显高于价值。

在这里我想给大家一个准确的答案：在这个世界上不会有产品的价格是高于价值的。也就是说每一种产品都是价格低于价值的，因为一旦价格高于价值，人们就不会购买。商业中有一句真理：任何一次交易的完成，买卖双方都会觉得自己赚了，你如果没有觉得自己赚了，就不会完成这笔交易。

这句话会让很多人不解。人们购买食盐与保温杯，肯定是认为它们价值高才选择购买，但是路易威登包明显是价格很高，价值却没那么高。

价值的分类

价值是什么？价值就是好处。很多时候，我们总把价值等同于功能价值，但功能价值其实只是价值中的一种。价值包含功能价值、社会价值、情感价值、知识价值、情境价值。

- 功能价值

指的是产品的功能性、物理属性等。

- 社会价值

指的是消费者选择这个产品后，能跟某些社会群体发生关联的价值。比如，我们在网上购物时，购物网站往往在显示一个产品后，还会在该产品下面显示出其他产品，然后提示购买这个产品的人有95%还看了以下产品，这时你可能就会点开另外一个关联产品，这叫作社会价值。

- 情感价值

指的是你购买了某个产品之后，产品的服务跟体验带给你的感觉。

- 知识价值

指的是产品所能满足你的好奇心和求知欲的价值。

第2章 • 现象篇 —— 剖析商业现象和社会现象

● 情境价值

比如会议营销，开三个小时的会议，先播放非常激动人心的音乐和非常感人的短片，最后卖东西。在那种情境下你可能就会产生不太理性的消费行为。

功能价值仅仅是价值当中的一种，我们买奢侈品包，也许很清楚它的功能价值并不高，但依然会买，这一定是因为它还有其他价值让你觉得这个价格值得。

任何一次交易，都是因为你内心认可这个价格，认为该产品价值比价格还要高。

除去功能价值，对于社会价值、情感价值、知识价值跟情境价值，我们都可以称它们为附加价值。附加价值往往会让一个产品的价格飙到很高。

举例分析

我有三张卡可以让我在机场出入贵宾室，它们分别是南航的白金卡、中国建设银行的白金卡和中国移动的金卡。大家猜测一下我更喜欢用哪一张卡呢？

其实如果从获取难度方面分析，对我来说持续持有南航白金卡是比较难的，因为南航要求每年至少坐南航飞机几十次，持有的白金卡的权限才可以保持，而持续持有中国建设银行和中国移动的卡对我来说相对简单些。如果从这个角度来分析，只要有中国建设银行的白金卡或中国移动的金卡，就可以享受贵宾待遇了。而且我感觉，机场里面这三个贵宾室的东西都差不多。

如果这样分析，其实我没有理由继续持有南航的白金卡，因为它不仅保持权限比较麻烦，而且餐食也不突出。可事实上，我每一年都很在乎我的南航白金卡还能不能保持权限，原因是在厦门机场（我目前定居在厦门），负责南航贵宾室的服务人员认识我。

有一次我从机场贵宾室门口路过的时候，南航贵宾室的服务人员认出了我并喊了声："王先生好，又要出差了？"

我很惊讶，于是反问她："你怎么知道我姓王呢？"

她回答："因为您经常来。"

我说："经常来的人应该很多吧？"

她回答："您形象特别，所以我们私底下都在猜您是做什么工作的，您今天怎么不进来呢？"

通过这件事情，我对南航的这名服务员有了很好的印象，也可以说是一种虚荣感，但这就是一种附加价值。

一个新客户可能在乎功能价值多一些，而一个老客户，他更在乎感觉。我们理解了附加价值，也可以把它们运用到商业当中。

比如：我们在做大客户维护的时候，当所有的销售人员都去了解大客户有什么爱好时，你不妨去了解一下他的家人。这叫作"人无我有，人有我优"。所有人都在投其所好的时候，你可以另辟蹊径，"投其所好之人之所好"。

客户每年生日的时候都会有很多人给他送鲜花、蛋糕，你可以不用送，因为即使你送了，给客户的感触也不大。可是若你知道客户很宠自己的女儿时，你可以了解一下他女儿的生日时间，在他女儿生日时，给她一个小小的惊喜。这能够创造功能价值之外的附加价值，而且附加价值越高，价格区间就可以定得越大。

小结

虽然不会有产品的价格是高于价值的,但你却能通过附加价值来不断提高人们心中产品的整体价值,这几个简单的小策略,大家不妨在生活中尝试一下。

07 流量与转化率

> 朋友要深交还是广交？乍一看这是一个生活话题，我们先把这个话题放一放。因为我想通过这个话题来告诉你一个在商业中非常好用的模型。一旦你对这个模型有了初步理解，在生活中你就能把自己的很多行为进行细分。

回到商业最基本的逻辑，一家店的利润等于什么？利润＝营业额－成本。那营业额等于什么？

营业额＝流量×转化率×客单价

通俗来讲，流量就是有多少人进来。转化率，就是进来的这些人转化成多少买单的客户。客单价，就是买单的客户平均花了多少钱。这就是一个店这一年或这一天的营业额。

这当中有两个关键词：一个叫流量，一个叫转化率。

见下图，漏斗的开口，代表进来的流量，漏斗分为好几层，一层接一层往下，最后就是实际成交人数，下一层与上一层之间的量的比值就叫作转化率。

流量转化率漏斗示意图

举例分析

如果你的好朋友开了一家服装店，他对这家服装店的期望很高，但是开了一年还不赚钱，于是向你请教。

我想很多人会给他一些自认为很好的建议，比如：店门面太小，需重新装修一下；商品质量好，但是要做促销活动；服务员不够热情；产品款式太单一，要进一些不同的货；灯光要调整一下，店里灯光偏冷不温馨。

请问这些建议都对吗？事实上这些建议都对，但都不准确，因为这些建议都只是不同的人在不同的认知层面对一家店的判断。人们会针对一个问题给很多建议，但是他们对问题的认知水平是有限的，作为老板的你不可能每一个建议都采纳，因为有些建议尝试之后，你的事业可能会陷入万劫不复的境地。

回到漏斗上来，一家服装店实际成交人数越多越好，而要想增加实际成交量，就要把漏斗的开口变大，让更多人进来，并让每一层级的转化率变得更高。如果一家服装店进来了 100 人，且每层的转化率都是 80%，那么层层转化下来，最后实际的成交量就会很可观。

服装店业绩不好，你可以如下图所示，先问自己几个问题：这种情况的出现是因为客户"过而不入"，还是"入而不问"，还是"问而不试"，还是"试而不买"，还是"买而不回"？

若你能找到过而不入、入而不问、问而不试、试而不买、买而不回，这些层与层之间转化中存在的问题，那你就能找到服装店业绩不好的原因。

如果这家店并不是地段不好，也不是店面不好，虽然人流量大，但是在某个层级的转化率特别低，导致最后实际成交人数特别低。那么首要解决的问题就是这个层级的转化率低的问题。

生活中其实也有很多这样的事情。比如超市，无外乎就是让你进来买东西，人们在里面逛得越久，买东西的概率就越高。

大家回想一下，大超市的入口和出口是不是往往并不在一起？若入口在左边，出口就会在挺远的右边；入口在一楼，出口可能会在二楼。在你找出口的过程中，可能会因为产品打折而购买。如果你懂得这个原理，那么逛超市后要想找到出口，千万不要按指示牌走，因为超市里面的指示牌指的那条路一定是最长的。

回到开篇的问题，朋友要深交还是广交呢？我给大家提一个小小的建议，不妨在年底的时候给自己画一张交友漏斗图。

你可以把朋友分为几个层次：

第一，加微信并交换名片的朋友；

第二，加完微信，交换完名片，还能一对一发信息有过问候的朋友；

第三，有过短信问候，还可以约时间单独见面的朋友；

第四，单独见面之后发现你们有共同喜好，有共同关注点，能聊得来的朋友；

第五，有了共同关注点之后，构建了常态化的线下交流和线上交流的朋友；

第六，常态化的交流之后，你们发现彼此有共同的朋友，他能介绍自己的朋友给你认识，甚至你还去他家做客，你们认识彼此的亲朋好友；

第七，你们发展出了共同的好友，或者你们有了项目合作。

有些人广交朋友，到处加微信换名片，漏斗的开口很大，但每一层的转化率却很低，这种人应该考虑如何提升每一层的转化率。而有些人擅长深交朋友，他们每年跟别人加微信、交换名片虽不多，但凡是他加微信、交换名片的人，最终都能成为他的好朋友。这两种漏斗的形状是不一样的，前者开口很大，出口很小；后者开口不大，但出口不小。

小结

交朋友不是一味地深交和广交，可以先画一个交友漏斗图，来调整自己交朋友的方法。反思一下，在交朋友的过程中，你是否在哪个层级上的转化率比较低，或者你的漏斗开口比较低？我想这能更有效地构建你的人脉圈。

流量和转化率是商业中两个关键的词语，如果把它应用到生活中，同样能很有效地指导你拓展朋友圈。

08 机会成本和沉没成本

> 前面我们探讨了价格和价值,也探讨了流量和转化率,这些都是商业当中最基本也最重要的关键词。
>
> 商业的探讨,永远没有对错。我在开篇时说过,VUCA时代要保持开放性的大脑,开放性的大脑并不是永远追究对错,而是永远追求观点和思想的碰撞。
>
> 本篇我们的主题是机会成本和沉没成本。

机会成本

机会成本的意思是,当你做了一件事情后,就无法将这段时间或者这类资源再投入其他事情了。也就是说你做了某种选择,就会因此而失去其他利益。俗话说,鱼和熊掌不可兼得,若选择 A 而放弃了 B,那么 B 就是你选择 A 的机会成本。你做的每一次选择,背后都有机会成本，你的时间跟资源投入在这个选择中时，就要放弃另一种选择。

如果你理解了机会成本这个概念，那么在核算自己每年的钱财时就可以换个角度。假设你拿 10 万元去理财，能有 5000 元的利息，可是你觉得 5000 元利息太少，于是决定拿去炒股。你的机会成本就是 5000 块钱的利息，炒股一年你赚回了 4000 元，虽然账面上是盈利了，但实际上你亏了 1000 元。因为你炒股赚回的 4000 元，没有把你的机会成本摊平。

各位核算自己的账目、财物时，不能只看账上的绝对值，还应该看机会成本。

举例分析

一家创业机构想去融资，有两家投资机构对其做了估值。

一家投资机构对其估值是 1 亿元，另一家投资机构给的估值是 8000 万元。若选择估值 1 亿元的投资机构，则创业公司出让 10% 的股份能拿到 1000 万元。若选择估值 8000 万元的投资机构，则创业公司出让 10% 的股份能拿到 800 万元。

我想很多人都会选择那个估值较高的投资机构，因为它能给出更多的股本资金。

但是在生活中，我们要知道我们所做的某些选择背后，都隐藏着机会成本。比如，若我代表那家估值比较低的投资机构，我会告诉创业公司，我们投资机构中有一个商业大佬，你若接受了我们的估值，你就有机会接触到这个商业大佬,未来可能会给你带来一些资源。这时创业公司会考虑若选择估值 1 亿元的投资机构,可能会失去与这位商业大佬认识的机会。有一些创业公司,之所以会选择那些对他们估值更低的投资机构,是因为他们看中的是其背后的机会成本。

另一个例子,年底了,大扫除要请家政阿姨吗?我个人的想法是,这个社会是分工合作的,我们要把专业的事交给专业的人去做。

从经济角度来考量,就可以把这笔账算得更清楚。

假设你的月薪是 3 万元,若按照每周工作 40 个小时,每月工作 4 周来计算,那么一个月的工作时长是 160 个小时,也就是说你工作一小时的收益差不多是 187 元。

年底大扫除时,假设请家政来进行,一个小时需花费 60 元,若你不请家政,表面上省了 60 元,但你把自己一个小时的时间拿去做大扫除,做了自己不擅长的事,不仅花费的时间可能不止一小时,更重要的是,因为你做了一个小时大扫除的工作,就不能去做你最擅长而且又能带来 187 元盈利的工作。社会是分工合作的,机会成本是可以核算的,这也是社会良性循环的很重要的基础。

各位在听网上课程的时候,免费的课程也是有成本的,你选择听一个免费的课程,你的机会成本就是你花掉了听这个课程的时间和精力。如果这个免费的课程没有带给你收获,表面上你没有花一分钱,但实际上你花掉的是你的时间和精力。当然选择收费的课程也是有成本的,但是你若花费了上百元听课程,却能给你带来相应的收获,那么这个机会成本就是合算的。

当然生活中不能天天这么算,因为天天如此很辛苦。我们并不是经济学家,不需要把每一个机会成本都算得很清楚,但是在生活中要有个意识,因为这能给我们很多帮助。

沉没成本

沉没成本指的是，以往发生的但跟当前决策无关的成本。

我们要学会算机会成本，忽略沉没成本，但人们的顽固心理往往会忽略机会成本而记住沉没成本。

学会计算机会成本和沉没成本，对生活中的决策很重要。俗话说"不要为打翻的牛奶哭泣"，但人们总会有这种非理性心理。比如：你花了188元买了一张景点门票，进去一看，发现跟宣传的完全不一样，请问你要不要继续逛呢？大部分人会选择继续逛，认为若不逛，钱就白花了。可是各位别忘了，188元在此时此刻是沉没成本，因为已经花出去了，如果你为了这188元，而又贴进去2小时逛景点，那么岂不是得不偿失？

同样的，你买了一张电影票，电影时长两小时，看了半小时后，你发现很无聊，那你要不要继续看呢？普通人会选择继续看，否则电影票就浪费了。可是买电影票的钱是沉没成本，已经花出去了，如果你继续盯着这个无聊的影片，那就浪费了剩下的一个半小时，这段时间还能做其他更有意义的事情。

生活中还有一些有趣的事情，例如大部分人股票亏了是不抛的，特别是老年人炒股，越亏越不抛，原因是抛了觉得不值得，但其实买股票的钱已经是沉没成本了。

小结

我们往往忽略机会成本,却大多计较沉没成本,而经济学家往往忽略沉没成本,计算机会成本。要学会计算机会成本,往未来看,而不是永远计较着过去。

学会止损,学会放弃的艺术,就是要学会看到机会成本和沉没成本,这是常人跟经济学家完全不同的两种思维方式。

09 边际成本与边际效用

> 不知大家是否知道"边际成本"和"边际效用"?在这个时代,如果你不懂这个理论而去创业的话,你的方向可能是错的。
>
> 我想尝试做线上培训,原因是这是一个边际成本低,但理论上增长空间可以无限大的事情。

边际成本

边际成本指的是每增加一个单位的产品,或者每增加一个单位的客户所带来的总成本的增加。

例如,若花费 100 万元采购一套设备生产杯子,那第 1 个杯子的边际成本就不仅是其原材料成本,还要加上一整套生产设备的成本,所以这个杯子的成本极高。

可是如果这一套生产线生产了 100 万个杯子,那么最后杯子的整个投资成本就会很低,杯子的边际成本几乎可以只算它的原材料成本。批量生产就是不断在逼低边际成本。

● **边际成本的结构性改变是互联网经济对传统经济一个最大的冲击**

从理论上来说,传统经济的边际成本是不可能为零的,即使是大规模生产,生产杯子的量再大,最后的那个杯子总需要最后的原材料,所以它的边际成本只能趋近于零。

而数字化的虚拟产品,比如网上的课程,边际成本是可以为零的。把课程放在某个平台上播放,还可以再放到另外一个平台上播放,100 人听跟 100 万人听,付出的时间成本和精力成本是一样的。

为什么一家企业好几年没赚钱,但是人们还会一直投资它?原因是他们很清楚,每增加一个客户、每卖一个产品,边际成本就在不断降低,当边际成本降低到一个临界值的时候,之后卖出的产品以及增加的客户,带来的就是净利润了。所以有些企业虽然刚开始并不赚钱,但它的模式很良性,人们依然会争先恐后地对它投资。

我们比较一下,传统的生产企业、线下管理咨询公司、线上培训公司,哪个边际成本更低。

如果从传统的生产企业角度来看一家线下管理咨询公司,会觉得线下管理咨询公司的模式比较好。老师一天讲 6 小时的课,无论是 100 人听课,还是 1000 人听课,老师讲课的内容是不变的,所以后面赚的全是净利。

但如果从线下管理咨询公司的角度来看线上培训公司,会觉得线上培训公司的模式比较好。因为线下管理咨询公司需要有固定的地点,也就是说讲师上课的这 6 小时只能待在固定地点，这是以劳动力来支付的。所以虽然线下管理咨询公司相对于传统生产企业来说，边际成本是低了，但是其需要深入项目，实行线下交互形式，以劳动力时间为边际成本。而若以劳动力时间为边际成本，边际成本是很难降低的，所以这也是为什么很多做线下服务的人慢慢转向做线上服务，就是这个逻辑。

● **边际成本还会引发长尾效应**

在实体店里面陈列的商品一定是畅销品，因为每陈列一个产品都是有成本的。可是一家淘宝店，陈列 10 个产品和陈列 100 个产品是没有什么太大区别的。所以若需购买一些使用频率比较低的产品，淘宝店里可以购买到，但是实体店里很难买到。而所谓长尾效应就是指那些原来没受到重视、销量小、种类多的产品或服务，由于总量巨大，积累起来的总收益超过主流产品的现象。

边际效用

边际效用就是在一定时间内，消费者在逐次增加一个单位消费品的时候，带来的单位效用是逐渐递减的。本质上我们每天都在为边际效用付费。

给大家讲一个很有趣的故事，当一个人很饿的时候，若卖一百元钱一个馒头他也会买，因为这个馒头带给他的边际效用很大。可是当他吃到第九个馒头时，你再卖给他一个馒头，即使是一块钱他都要迟疑，因为他吃不下去了。同样是馒头，这十个馒头的成本是一样的，可是十个馒头带给消费者的边际效用却是不一样的。这里可以用两个词来形容：一个叫雪中送炭，一个叫锦上添花。

谈完这个理性的商业分析，我也想谈个感性的生活例子。生活中，一个陌生人帮助你一次，你能千恩万谢，可是父母照顾你一辈子，很多人却觉得理所当然。

听过这个故事吗？女孩想去网吧，但是她的妈妈不让，于是两个人就吵了起来。女孩妈妈一气之下打了她一巴掌，女孩负气离家出走了。外面又下雨又刮风，女孩没地方去便蹲在路边。路边卖面的老板看她可怜，就煮了一碗面给她吃。女孩感激地说："您真是好人，您是我在这个世界上遇到的最好的人。"卖面老板对女孩说："我们俩萍水相逢，我只是给你煮了一碗面，你就觉得我是世界上最好的人，而你的妈妈一直照顾你，你却觉得理所当然。你今天离家出走，她得多担心啊。"很多时候边际效用会给我们的心理造成不同的影响。

回到商业中，结合边际成本、边际效用，我们可以灵活应用，做一些有策略性的免费商业活动。

比如：我们经常看到饮品第二杯半价。第二杯之所以能半价，是因为第二杯的边际效用降低了。你去一家店里面吃饭，吃完饭结账的时候店员会给你抵用券，而这些抵用券这次结账时是不能用的，下一次结账时才能使用。

很多饭店再增加一份小菜是要收费的，我认为这种做法会给顾客带来很不好的体验。其实即使小菜完全免费，大家续小菜的概率也不会太大，因为小菜吃完一份再续第二份，第二份的边际效用就降低了。

做培训的公司往往会提供免费复训，但其实真正会来复训的人是很少的，但培训公司提出免费复训，却能提升别人付钱的概率。

一家火锅店的老板说，以前火锅店里面的酱料都是免费的，因为免费所以造成了很多的浪费。后来改成酱料收费，一份酱料三块钱，但是会提供更高质量的酱料，并且可以免费续加，每个月算下来，在火锅酱料上反而给他们带来了收益。获得收益的原因是因为表面上是免费续加火锅酱料，但实际上续加的火锅酱料的边际效用在不断下降，会多次续加酱料的人少之又少。

小结

懂得这两个逻辑，你就能调整一下定价策略，也能改变一下生活中很多时候我们不懂感恩的一面。

10 智猪博弈

> 有一种战略叫作守株待兔,但我想先来谈谈"智猪博弈"这个词。

实验分析

"智猪博弈"是一个很著名的纳什均衡例子,我先简单描述一下这个想象实验。假设有个猪圈,猪圈里面有两头猪,一头大猪、一头小猪。猪圈呈长方形,在猪圈的一边有一个猪食槽,另外一边则安装了一个控制猪食供应的开关,按一下开关,就会有十个单位的猪食进槽,但因为开关与猪食槽在相反的位置,所以需按完开关,再跑过来吃。而按开关的猪来回一趟会消耗两个单位的体力,一个单位的体力等于一个单位的猪食,并且按开关的猪会丧失先到槽边进食的机会。

假设小猪过去按开关，大猪在猪食槽边，那么小猪过去按完开关再跑过来，大猪已经开始吃了，两头猪吃到食物的比例是9∶1，大猪能吃掉九份，小猪只能吃掉一份。小猪吃掉一份还要再抵掉跑过去按开关的两个单位的体力，所以小猪等于吃掉了一份，但消耗了两份体力。

假设大猪和小猪同时过去按开关，然后同时跑过来吃，大猪还是比小猪吃得快。大猪吃掉七份，小猪只能吃三份，大小猪吃到食物的比例是7∶3。抵掉来回各自消耗的两份体力，大小猪实际收益比为5∶1。

如果大猪过去按开关，小猪在食槽边，那么小猪可以先吃，但因为缺乏竞争力，小猪进食速度一般，大小猪吃到食物的比例是6∶4。但大猪还要扣掉过去按开关消耗掉的两份体力，大小猪实际收益比为4∶4，即1∶1。

如下表所示，对比这个表格，你就能知道"智猪博弈"大概说的是什么。

智猪博弈

智猪博弈		大猪	
		按	不按
小猪	按	大：5—小：1	大：9—小：-1
	不按	大：4—小：4（即1∶1）	大：0—小：0

看完上述分析大家想一下，在这种情况下，对小猪来说最有效的策略是什么？显然就是小猪不动，等待大猪去按开关。因为它若跑去

按开关,大猪会先一步吃到食物,相比之下小猪会更饿。如果它不去按开关,等待大猪去按开关,小猪能够得到实实在在的四份。

其实在商业中,也有很多这样的逻辑。

小房地产公司会跟随大房地产公司,大房地产公司在哪里拿下一块地,小房地产公司就在旁边拿下另外一块地,然后等待大房地产公司去操作让这块地升值,那么自然而然小房地产公司买下的那块地也会升值。这在商业当中叫作"搭便车策略",是聪明的职业经理人应该掌握的一个最基本的策略。

很多时候我们要学会等待,比如让其他大企业先去开发,去培育一个市场,然后我们再跟进。所以有句话叫作"有所不为,才能有所为"。在过去,我们常常把守株待兔当成一个贬义词,可是别忘了,守株待兔有些时候是人们基于对形势的判断做出的明智选择,是一种智慧的选择。

谈到这里,有两个延展想给大家说一下。

第一,现实生活中很多时候我们总焦虑于现状,总觉得机会还没有出现,或者总抓不住机会。那是因为你把很多精力都浪费在焦虑现状上了,并没有集中精力在机会来临之前做好充分的准备。《穷查理宝典》里面有一句话叫"好的投资者一定是等待一次'好球'的出现,并且耐得住机会出现前的寂寞"。

真正好的投资者,并不会什么机会都抓,而是等待一个好机会的出现,集中精力在机会出现前锻炼好自己能提升的每一项能力,然后在机会出现的时候,全部投入进去把握好这个机会。但有个前提,要耐得住机会出现前的寂寞。

第二,回到我们刚刚谈到的智猪博弈这个系统的设计。在这个系统中,若想让小猪很勤快地去按开关是不可能的,这并不是小猪的问题,而是整个系统设计的问题。

一句话分享给各位:多质疑系统,少质疑人。不要一发现问题就去怀疑是人的问题,很多时候是整个系统、整个制度设计出现了问题。在智猪博弈当中,其实大猪跟小猪都不会积极按开关,与它们的心态无关,它们不会选择去创新。大猪只会等到忍无可忍时才会过去按一下开关,小猪们则永远不会过去按开关,因为得不偿失。这不是它们的心态问题,而是整个制度有漏洞。

我经常说一句话:"当一个人有问题,也许是这个人的问题,但是当一群人有问题,那很多时候已经不是人的问题了,而是整个系统或制度设计的问题。"

小结

我们经常说勤奋就能得到好结果,但当制度有问题时,很多时候勤奋不代表能得到好结果,反而判断好形势,等待一次好的机会,蓄力提升你更有把握的那一项技能,往往是实现成功的最有效的途径。

11 复利真的可以被称为最伟大的发明吗？

> 爱因斯坦说过一句话："复利是世界上第八大奇迹，其威力比原子弹更大。"那么复利的威力是什么？它有没有什么缺点？下面我们就来谈一谈复利。

复利

复利指的是把一笔资金当作本金去存，然后产生利息，在下一个计算利息的周期中，把前周期产生的利息也当成本金重新去计算利息。也就是通常我们所说的"利滚利"或者"以利生利"，俗话说"驴打滚"或者"息上息"。

举例分析

传说有一个叫西萨的人发明了国际象棋,国际象棋的棋盘上有64个格子,西萨发明国际象棋后,国王很开心,决定重赏西萨。西萨说:"国王我不要您的重赏,只要您在我的棋盘上赏我一些麦子就行。在棋盘的第一个格子里放一粒麦子,在第二个格子里放两粒,第三个格子里放四粒,以此类推。每一个次序在后的格子里放的麦粒数都必须是前一个格子里麦粒数的两倍,直到国王您把六十四个格子都放满了就可以。"国王认为这很容易,所以就慷慨地答应了他的要求。可是国王很快就发现,即使他把整个国库里面的粮食都给西萨,也是远远不够的。

西萨索要的麦粒数目实际上是天文数字,总数是一个十九位数。从表面上看,西萨的要求起点十分低,只需一粒麦子,但经过多次的乘方之后,就是一个庞大的数字。从这个故事中我们就能知道复利的威力。

再举一个例子,假设有一张纸,这张纸足够大,可以让你不断地对折,你知道当你把这张纸对折51次的时候,它的厚度是多少吗?一个冰箱那么厚?两层楼那么厚?十层楼那么厚?我想你大概能猜想的最大值可能就是比十层楼还高一些吧。可是各位,实际结果一定会超出你的想象。如果纸足够大,能够对折51次,那么它的厚度会超过地球到太阳之间的距离,这就是复利的威力。

现在我简单给大家描述几组数据。若你存1万元,按每年12%的复利计算,那么10年之后1万元会变成3.11万元,听起来钱的数目好像不太多,可是20年之后,它就会变成9.6万元,30年之后,它会变成 30 万元。如果你还是觉得这没有什么，那我们可以假设以 1 万元为本金，每年按 18% 的复利计算，那么 10 年之后，是 5.2 万元，20 年之后，是 27.4 万元，30 年之后就会变成 144 万元，这只是复利从 12% 变成了 18%。一个不是很大的调整，但最终却使收益远远大于之前。

如果给复利画一条曲线，这条曲线前面的部分会比较平坦，看不出它的威力，但是越往后你会发现这个曲线会变得越来越陡，曲线的增长速率会变得越来越快。如果以 10 万元为起步，每年按 30% 的复利计算，想象一下 50 年之后，10 万元会变成 498 亿元，虽然前十年，10 万元只会变成 138 万元，但是越往后它的增长越不可估量。

假设印第安人在 2000 年 1 月 1 日想买回他们 1626 年卖给荷兰人的曼哈顿市，则他们要支付 2.34 万亿美元才能够买回，这个数字是怎么来的？印第安人在 1626 年把曼哈顿市卖掉的时候，只卖了 24 美元，若以每年 7% 的复利来算，1626 年到 2000 年，这三百多年的时间里，原先支付的 24 美元变成 2.34 万亿美元，这就是复利的威力。

当然我们并不是经济学家，不需要计算这么清楚，但复利的背后还是能带给我们一些启发。

72 法则

如果你有一笔钱，你想计算一下多长时间这笔钱能翻一倍，我给大家一个小技巧，你只需要用 72 除以投资回报率就能算出。假设你的投资回报率是 7.2%，那么你用 72 除以 7.2 就能知道经过 10 年你的钱能够翻一番。不管是用 72 来除以年数，还是除以投资回报率，你都能够知道自己大概应该把钱投到一个什么产品上去，知道自己大概需要投资几年。

这时大家可能就会想,既然复利这么厉害,那么我们要是存1万元钱,存期长一些,肯定有一天复利的魅力会产生。

所以现在就要谈复利的难点。我前面讲了这么多,大家应该大概清楚了,复利有三个要素:

第一,基数,也就是第一笔的资本。

第二,增长率。

第三,等待的时间。

当你理解这三个要素的时候,你就会发现复利实际上很难做到。

芒格曾说:"理解复利的魔力和获得它的困难,是理解很多事情的核心和灵魂。"复利听起来很简单,可是若想同时满足这三个要素却是很困难的。

指导意见

我想针对复利给各位提两点建议。

第一,投资要趁早,复利的曲线是越来越陡峭的。1.01的365次方差不多是37.8,也就是每天进步一点点,增长的不多,但是累计起来的数量也是很大的,所以投资要趁早。

除了投资要趁早之外,各位也别忘了,大起大落不如稳稳当当。复利很重要的魅力是保持每年的增长率,这个增长率不一定要特别高,但每年要保持着。巴菲特曾说:"投资的第一原则就是不要亏损,第二原则就是永远记住第一原则。"也就是说保持不亏损,比一年能突然赚很多钱要重要得多，因为一旦亏损了，你会发现复利的魅力就会在这一年被打破。

第二，要抱着投资者的心态。回到我们的工作跟成长中，当你理解了复利，我认为对每个人的成长都是一件益事。我们要抱着投资者的心态，如果你追求每年收益一次，那么你可能是一家公司的高管。如果你追求每个月都有收益，那你可能是位员工。如果你想每小时都有收益，那么你可能是个临时工，更在乎每一单的所得。

小结

作为一名投资者，你要知道自己投资周期有多长，事实上你不需要去追求每年的收益翻番，只需要追求今年不亏损，而且跑赢大盘。在时间足够的情况下，你自然而然会有稳定的收益。

大家要记住两点：第一，投资要趁早，大起大落不如稳稳当当；第二，工作也好，创业也好，都要抱着投资者的心态，而不是投机者的心态。

12 概率

> 虽然赌得小,赚得少,但我认为这背后有一个词,叫作概率,我们先来谈谈关于概率这个话题。

概率

在一定条件下必然发生的事情,叫作必然事件。在一定条件下不可能发生的事情,叫作不可能事件。在一定条件下可能发生也可能不发生的事情,叫作随机事件。而随机的背后存在一种可能性,这种可能性就称为概率。

数学家一般会把低于万分之一的概率忽略不计,那大家想象一下中彩票的概率是多少?中彩票的概率是千万分之一。若低于万分之一的概率可以忽略不计,那么有些人每天追号买彩票,买了一辈子都撞不上,这也是很正常的事情。

可是从认知的角度上来说，人们对概率的理解往往很不理性。你认为每天出门发生车祸的概率高，还是中彩票的概率高？很显然，出门被车撞到的概率比中彩票的概率要高得多。但是人们的想法往往是，对于自己会被车撞，总认为不太可能发生，而对于今天自己买彩票会中则特别相信。虽然人们被车撞的概率比中彩票的概率高很多，可是人们的理解总是反的。

大家应该都买过彩票，在 36 选 7 的彩票中，你能够中头奖的概率是 1/8340000，这就是接近千万分之一的概率了。而每天过马路你要小心，不要总觉得被车撞的概率很低，你应该留心，中彩票的概率其实比被车撞的概率低多了。

举例分析

假设你跟一个人打赌，一年有 365 天，班上有 50 个人，猜测有没有两个人会是同一天生日，这种可能性是高还是低？如果你的想法是，一年有 365 天，班上只有 50 个人，所以两人同一天生日的概率应该很低。那么恭喜你，你几乎就输定了。因为一年 365 天，一个班上只要有 50 个人，那么这 50 个人当中会有两个人在同一天生日的概率高达 97%。97% 是大概率事件，你的直觉又失灵了。所以懂一点概率知识，在生活中能帮我们做很多理性的判断。

假设小明高中毕业，步入社会参加工作，他性格开朗喜欢与人交谈，而且为人特别真诚热情，乐于助人，连续几年获得了优秀员工的荣誉称号。业余时间他喜欢阅读、写作，而且还关心国家大事，时刻注意最新的政策动向。请大家根据我上一段的描述猜测小明的职业。

第一，小明是一名出租车司机。

第二，小明是一名出租车司机，同时是一名业余作家。

你觉得哪一个选项的可能性更高呢？事实证明很多人会选第二种，小明是一名出租车司机，同时是一名业余作家。因为根据我上面的描述，小明太符合一名业余作家的形象了。

其实根本不用看题面那一段描述，你只需要看选项就能知道，"小明是一名出租车司机"，以及"小明是一名出租车司机，同时是一名业余作家"，哪个概率更高。很明显前者的概率更高，因为同时满足两个选项的概率一定比只满足一个选项的概率要低，可是我前面的那一段描述会让大家做出不理性的判断，并自作聪明地加上了"业余作家"。

前面举的几个例子，我相信大家应该都听懂了，现在反思一下生活当中我们总是自以为很理性地做出的一些不理性的判断。很多人不敢坐飞机，觉得飞机太危险了，可事实上飞机是世界上最安全的交通工具，飞机发生重大事故，造成人员伤亡的概率是三百万分之一。所以，即使你每天坐一次飞机，飞上 8200 年，才有可能碰到一次飞行事故。坐飞机比走路和骑自行车都要安全，可是很多人都怕坐飞机，当然除了恐高之外，很多人觉得飞那么高很危险，这就是一种违背常识的判断了。

如何在博弈游戏中挣到钱？

现在我们谈一谈这节课的主题，如何在博弈游戏中挣到钱。

有一年春节时我学会了一个棋牌游戏，在这里我就个介绍它的规则了，因为规则特别简单，完全跟牌技没有关系，只靠运气。靠运气的东西，只要你玩的时间足够长，你的坏运气与好运气几乎会摊平。也就是说只要玩的时间足够长，算下来你大概不亏也不赚。

在春节期间我和朋友玩这款棋牌游戏的时候，达成了一个约定，玩这款游戏要玩超过三小时。因为只要时间足够长，玩的盘数足够多，概率的事情就会扯平。

每一次押注不要变，比如押 10 元，就一直押 10 元，不要觉得这一把手气好了就押多，下一把手气不好就押少。因为在没有摊开牌之前，你不知道自己的手气是好还是不好。

当游戏是以概率为基础的时候，你只要拉长时间跨度，保证用同样一种投注方式，你就不会亏太多，而只要你运气好一点点，你可能就会赚。

抽签购房也是如此，有 100 套房子，买房的人从 1 抽到 100，谁抽到的数字越小，就能先抽房型。有人抽的签比较靠前会选择拿去卖，卖给那些抽到数字比较靠后的人，你觉得抽到数字比较靠后的人该不该买呢？其实不用买，因为即使比较倒霉，抽到了 100，但你们看房型的概率是一样的，这是概率中最基本的逻辑。当条件是抽签是正大光明的。

> **小结**
>
> 生活中若你理解了一些概率的基本逻辑，很多时候就不需要太慌张，因为你能发现自己的很多误判，而稍微思考一下，就能做出更准确的判断。

13 有些花费，其实你一点也不心疼

> 有些花费，其实你一点也不心疼。这背后有一个关键词叫心理账户。

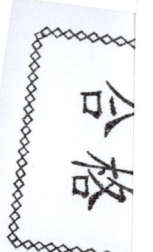

心理账户

心理账户就是每个人在内心会针对生活、工作等不同方面建立起不同的账户，有些账户里面的钱，是花给父母的，有些账户里面的钱是花给自己的，还有些是花给孩子、朋友、恋人的。你有没有发现，有些时候给父母花钱你很爽快，可是给自己花钱却要算计很久。同样是钱，价值一样，数量相同，可是因为它在你的心里处于不同的账户，所以你会有很多的消费行为，仔细想一想，这是不理性的。但在那个当下你就是做出了那种判断，同样的前提条件下，只因它在不同的心理账户里，所以会得到不同的结果。

举例分析

今天晚上,你要去听一场音乐会,门票价格是 200 元,你已经买了,但是在你出门前发现前两天买的 200 元的电话卡丢了,请问这场音乐会你还会去听吗?很多人会回答:"当然去听了,我丢电话卡,跟我听音乐会又没有关系。"

可是如果我把问题变换一下,前提条件一样,音乐会门票 200 元你已经买了,但是在你快出门的时候,你发现音乐会的门票丢了,请问你还会再花 200 元去买张门票吗?很多人说:"那就不去了,丢了还去,那岂不是我一共要花 400 元钱听音乐会。"可是你想一想,这两道题本质上是一样的。你花 200 元买的音乐会门票丢了,然后你再花 200 元买票,与你花了 200 元钱买的电话卡丢了,你听完音乐会回来,还得再花 200 元买电话卡是一样的。你要去做一件价值 200 元的事情之前,丢了 200 元,当这 200 元是丢电话卡或丢门票的时候,你会做出截然不同的决定。

心理账户是一种认知幻觉,而这种认知幻觉却又无比真实地存在。每个人的大脑里都存在两种账户,分别是经济学账户和心理账户。经济学账户就是每一块钱的价值就是一块钱,它们的价值是绝对相同的。而对于心理账户里面的每一块钱你并不会一视同仁,你会根据钱的不同来处,以及不同用处,采取不同的态度。

若你通过努力工作,辛辛苦苦赚了 10 万元,那么你拿去赌博的概率就会比较低,可若你是买彩票中了 10 万元,那么你花费这 10 万元就会比较大手大脚。同样是 10 万元,一种是辛勤劳动获得的,而另一种是因为意外收获,所以你采取的态度是不同的。即使都是你名下的钱，性质也都是一样的，但是你却会区别对待。

而且，有些时候心理账户很有趣，钱的数量多少也会左右你的态度。比如，月底了，你获得了 500 元奖金，500 元不多不少，你可能会选择给自己买一条想买很久了，但一直没有买的领带。你也可能请同事们一起吃一顿，把 500 元全花完，反正是奖金，大家开心吃一顿也很好。可是如果月底你领的奖金，不是 500 元，而是 5000 元呢？有趣的是这时候很多人连领带都不买了，连犒劳自己都不犒劳了，他会把 5000 元拿去存起来。500 元小，你会选择把它花掉；5000 元大，你会选择把它存起来。这是因为 500 元在你的心理账户里是一笔意外之财，它是奖金是可以额外消费掉的。而 5000 元，你会认为它是正常的工资收入，选择把它存起来。

联想到家庭生活，各位每年给父母的钱，就可以不用到了年底给一大笔。假设每年年底你给父母 5 万元，他们很大可能会把这笔钱存起来，可是如果你把 5 万元分成很多次，每次给他们 500 元或者 1000 元，父母拿去花的概率就会更高。换一种方式给父母钱，用更小额的方式把大额的钱分若干次给他们，就会促进他们用这笔钱去消费。

当你知道每个人的心里都会给自己设定心理账户时，我有几个应用可供大家借鉴。比如你要去旅游，我建议你选择报旅行团，报那种一次性把钱交完，后面的所有游玩项目都不用再花钱了的旅行团。不要去报那种先交一笔钱，但后面的活动还要另花钱的旅行团。这样的旅行团会让你感觉到，整个游玩过程中自己都在付钱，会影响你游玩的心情。而把钱全付完，在你的心理账户里面，接下来就只是收获快乐了。

若你理解了这个逻辑，生活中我们遇到的很多痛苦的事，就尽量让痛苦一次性到位，不要分阶段痛苦，那么剩下的就全是好的了。好消息，可以分阶段；坏消息，要一次性把它公布完。

其实在教育中也是这样。孩子每天要上很多门学科的课，若每门课都布置了一些作业，孩子其实并不会觉得今天作业很多。如果其他课都没有布置作业，只有一门课布置的作业偏多一点，但是与全部的作业总量合起来是相当的，孩子就会认为今天作业特别多。

不同的孩子针对不同的功课，心里面都有不同的账户，语文一个账户，数学一个账户，如果每个账户都有一点，孩子不会认为作业多，可是如果把所有的账户都压到同一门课里，他就会认为今天作业很多，即使其他科都没有布置作业。这就是心理账户在发挥作用。

小结

当你理解了心理账户会影响我们做出非理性的消费决策时，你应该清楚钱是等价的，对不同来源、不同时间、不同额度的收入要一视同仁，才能有效地帮你做出更理性的决策。有些钱你花费时不心疼，比如花给父母，花给心爱的人，这些钱的花费很多时候是心理账户让我们做出了非理性的消费决策。

14 损失规避

> 有些时候你不是想赢，只是不想输。背后有个关键词叫损失规避，我们先来谈谈损失规避。

损失规避

人们会习惯性地规避损失，即使这个损失很小。有人研究过损失所带来的负效用是同样收益带来的正效用的 2.5 倍。人们损失时产生的痛苦，远大于获得收益时带来的快乐，心理学家把这种对损失更加敏感的心理叫作损失规避。

我们来做一个游戏，抛一枚硬币，如果正面朝上你会获得 50 元，如果正面朝下你要付出 50 元。请问你会参加这个游戏吗？我们前面谈过概率，一枚硬币正面朝上和正面朝下的概率相同。你有 50% 的概率获得 50 元，当然你也有 50% 的概率付出 50 元。思考一下，你会参加这个游戏吗？实际上很多人不愿意参加这个游戏，这就是人们的一种损失规避心态。等量的损失以及等量的获得，给人们的心理效用是不同的。

在工作或是在商业中，人们很多时候习惯规避风险。我们更加辛苦地工作，只是为了规避一些微不足道的损失，而忘了去冒险获取一些更大的回报，这就是为什么会有很多人安于现状。人们总会为自己正在使用的东西加上非常高的附加价值，然后说服自己不要去改变。当人们失去一件东西时，其痛苦程度往往比得到一件东西时开心的程度要高。

举例分析

当我们理解了损失规避背后的逻辑，以及它是人们的一种心态，那么在商业中有几个相关的例子可供大家借鉴。

如何用预定的成本，让客户按照你的想法行动。举个简单的例子，最初人们在网上卖东西的时候，都希望客户能够下完单就付款，不要货到付款。因为若是货到付款，很多客户就会不签收，不签收的东西会被退回来，钱也没法赚到。当双方还不是特别信任的时候，买家希望货到付款，卖家希望下单即付款。

为了促使客户能够先付款，减少商品拒收的风险，卖家想了一个办法，在广告里写上，"若货到付款则多收 20 元。"很多买家不同意，会与客服讨价还价，想要把 20 元钱减去。其实最后客服大部分会同意，因为不答应的话这笔单子可能就没了。

但是即使客服答应了，买家心里也是不太开心的，磨了这么久才磨了20元。所以后来卖家就不写货到付款多收20元了，而是直接把价格调高20元，然后告诉买家支持货到付款，但是如果下单即付款则商品会再优惠20元。这时很多买家就非常乐意地接受了20元的优惠，下单后就付款了。卖家花的成本是一样的，但买家对店铺的支持度却高了好多倍。

同样是打折，怎么打折更有效呢？当我们理解了损失规避，就可以好好利用顾客的这种心理。比如，卖电器选择直接打折也是可以的，但是如果你说现在店里做"以旧换新的活动"可以用旧电器抵买新电器的一部分钱。这一定比直接打折对消费者更有诱惑力。因为你收了他的二手电器，让他感觉旧的东西没有浪费掉，还能用来抵一部分买新电器的钱，规避了他的损失。所以损失规避是人们的底层心理现象。

我再给大家举几个例子，你们会发现商业世界里真的有很多"套路"。不知大家是否拍过个人写真集，或者给孩子拍过满岁照。在照相馆拍完照后，客服人员会通知你来选照片，并会告诉你，所有照片都在这里，你选择需要的照片，不要的照片就直接点去删除，删除后的照片照相馆是不会有留底的。

言下之意，你删除的照片就是把底片都删除了，以后再也找不到这张照片了。每次决定一张照片要不要时，工作人员都会跟你不断强调这一点。这在无形中强化了你的损失心理，你会感觉删除一些照片对你来说是损失。于是你选的照片数量一定会比自己预期的要多，因为他用了很多办法强化了你的损失心理。

公司发奖金也是如此。一家公司某一年的效益不太好，以往每年年底，会给每个人发2000元奖金，可是这一年效益不太好，满打满算只能给每个人发200元奖金。老板很焦虑，不知道怎么公布这个消息，怕有人因为奖金的减少而对公司产生意见。于是老板就想了个办法，先公布了一条消息说，今年效益不好所以年底要裁员，至于怎么裁、裁谁还在研究。这个消息会让公司里人心惶惶。过了几天公司又公布了一条消息，公司决定无论有多大的亏损都不裁员，并且不仅不裁员，今年还给每个人发 200 元年终奖作为奖励，所有员工听完之后欢呼雀跃。

这是商业中的一个逻辑和方法，当然这种小方法不要总用，因为员工都希望每年的年终奖能更多一些，但上文的方法就是利用了人们内心的底层心理逻辑。我们不得不说，至少这种心理帮助我们实现了一个又一个目标，商业的本质就是利用逻辑、利用原理实现我们的目标。

小结

损失规避，是一种心理惯性。虽然你知道了这个原理，但真实中碰到时候，内心依然会有不舍，会有"规避损失"的冲动，所以说，理智的人，往往是懂得对抗心理惯性的人。我们在成长的路上，处处都在对抗惯性，一边是手机，一边是书，惯性是拿起手机，对抗惯性，此刻应该拿起书。看到一件不满的事情，惯性是评论上两句，对抗惯性是忍住。

15 锚定心理

> "先下手为强"这句话到底是不是对的?"先下手"到底有没有"为强"呢?解答这个问题之前我们先来讲一个词——锚定心理。

锚定心理

锚定心理是一种思维机制。"心理"我们应该都能理解;"锚定"的意思就是一个基点。锚定效应,就是我们很容易通过第一印象而产生偏见的一种心理现象。若你能够利用好这种心理现象,那么在商业谈判、预测情绪、买卖议价的时候就会更有优势。

很多时候人们会做预测,之所以叫预测,是因为我们心中充满了对未来的不确定性,这种不确定性会带给人们恐惧和不安。而通过设想一个具体的数字,或者通过别人给予你一个具体的数字,可以降低这种不安,并且坚定自己的信念。我们把这种思维机制叫作锚定。

实验分析

有句话说得好,"我们总是倾向于为我们不确定的东西寻找证明"。有一个实验是这样的,询问 A、B 两组人,让他们猜测圣雄甘地去世时的年龄。针对 A 组的人问:"你觉得甘地是在 9 岁前去世的,还是 9 岁之后去世的?"针对 B 组的人问:"你觉得甘地是在 140 岁之前去世的,还是在 140 岁之后去世的?"

很显然我们都知道,圣雄甘地不可能在 9 岁之前去世,也没有活到 140 岁。接下来实验人员让 A、B 两组人给出一个数字,猜测圣雄甘地去世时的年龄是多少?

实验的结果很有趣, A 组的人平均猜测圣雄甘地去世时的年龄是 50 岁;B 组的人平均猜测圣雄甘地去世时的年龄是 67 岁。B 组的人平均猜测的年龄要比 A 组的人大 17 岁。

虽然这两个答案都不对,但实验的目的并不是猜测甘地去世时的年龄,而是验证很多时候我们对一件事情的最终揣测,会受到第一印象的影响。

举例分析

很多人去服装店里面买衣服,问商家衣服多少钱,商家反问你认为多少钱合适,然后两个人推来推去,互相试探、讨价还价。人们总认为自己不能先开价,若先开价,底线就会让别人知道。其实若你理解了锚定心理,你就会发现先开价的人往往更有优势。

"这件衣服多少钱?"商家告诉你衣服最低 180 元,这时候 180 元在你的心里就产生锚定了,你想的是要从 180 元往下降,若能够在 180 元的基础上再降个几十元你就很开心了。如果商家说:"你认为这件衣服多少钱合适?"你说这件衣服最多 30 元,而这时候 30 元在商家的心里就会产生锚定。他要想的是如何从 30 元往上加。议价的时候,"先下手",其实有可能"为强",当然这仅仅指的是价格层面。

再举个例子,你去路边吃一碗面,老板问你:"这碗面要加一个蛋还是加两个蛋?"这时你很可能就会答"加一个蛋"。老板很巧妙地问你加一个蛋还是加两个蛋时,他在你的心里就设定了一个锚定,那就是一定要加蛋。可是如果老板问你,这碗面加不加蛋?很多人也许就选择了不加蛋。因为这时锚定是蛋可以加也可以不加。所以一个聪明的老板,往往会利用人们的这种思维机制,提升顾客购买的概率。

再举一个家庭生活的例子。晚上吃完饭,你可以问爱人一个问题:"吃完饭你是选择洗碗还是选择拖地板?"当你问他洗碗还是拖地板的时候,就给他的心里设了一个锚定,那就是一定要选个事情做。你爱人想了想,认为洗碗比较简单,于是就说:"我选择洗碗吧。"这时你可以说:"好的,那地板你明天再拖吧!"当然这只是个玩笑。

我们给客户二选一的答案,会比给客户是或否的答案要更有效。大家去中国移动办业务的时候,可以留意一下,营业员不会问你:"先生,这个业务你办不办理?"他一定会问:"先生这个业务你是办半年的套餐还是办一年的套餐?"

小结

很多时候言语间的细微差别会在人们的心里产生锚定，所以我们在谈价的时候，不妨大胆开价，先开口，先下手，有时候可以抢占先机。

16 比例偏见

> 你并没有自认为的那么理性,这句话的背后有一个关键词叫作"比例偏见"。

比例偏见

比例偏见,言下之意就是我们对比例的感知会更敏感一些。在很多场合,我们本来应该考虑的是绝对值或者数值的变化,但是人们往往更倾向于考虑比例或者倍数的变化。这说明人们对比例和倍数的感知比对数值本身的感知更加敏感。

举例分析

有一款杯子,这款杯子在 A 商店里卖 100 元,在 B 商店里卖 70 元,差价 30 元。但是 B 商店比 A 商店要更远一些,你需要多坐 10 分钟的公交车,请问你会不会选择多坐 10 分钟的公交车去 B 商店买便宜了 30 元的杯子呢?大部分人的选择是会去,至少选择会去的人要比选择不会去的人要多。

有一款手表,在 A 商店里卖 7000 元,在 B 商店里卖 6970 元,差价也是 30 元,而且 B 商店比 A 商店要更远一些,需多坐 10 分钟的车,请问你还会选择多坐 10 分钟的车去 B 商店买便宜了 30 元的手表吗?结果是很多人就不去了。人们不去的原因是,他们认为 7000 元都花了,也不差那 30 元钱了,何况还要多坐 10 分钟的车。

这是一个很有趣的现象,从绝对值的角度来看,两件商品都便宜了 30 元,当 30 元相对于 100 元的时候,人们愿意为 30 元付出,可当 30 元相对于 7000 元的时候,人们就不太愿意选择付出了。

打折、直降和预存的区别

若你能意识到生活当中存在的这种现象,我再来讲三个词,分别是打折、直降和预存,理解这三个词,能帮助你逛商场的时候更好地区分、理解它们的意思。

第一,打折。打折一般用在总价不高的产品,比如衣服或者书。假设一本书 30 元,如果你告诉顾客便宜 15 元卖给你,不会激起人们的购买欲望。可是若你告诉顾客该书打五折,就能让他有兴趣购买。

大家可以在网上查看一下，卖得好的书大部分都是以五折六折左右的价格出售的，其实也就是便宜几元十几元，但是因为人们的比例偏见，打折的方法更能打动人，所以打折的方法常用于总价不高的产品。

第二，直降，也叫作立减。用于总价偏高的产品，比如家用电器、手机等。你很少能看到哪个商场洗衣机或者电视打折。他们一般都会说直降500元或者直降300元。若一台电视机7000元，店员告诉你，直降500元，并且把广告字写得特别大，你看了就能激起购买欲望，但是如果换算成打折，减500元连九折都不到。若店员说打9.5折，那顾客会认为这简直跟没打折一样，并不会激起其购买欲望。所以总价偏高一点的商品，要用立减和直降的方法。

第三，预存。预存用在总价更高的产品上，比如房子。若你买一套房子需要花费500万元，对方告诉你，买500万元的房子能便宜1万元。500万元便宜1万元，很多人会不以为然。可是若预存100元，则买房可以抵1万元，就能激起人们买房的兴趣。人们的关注点会变成100到10000之间的倍数，而不会聚焦在其实也就只是便宜了1万元。所以现在售楼处的人，往往会用预存的方法来激起人们购房的欲望。

了解了这三个词，大家可以知道，其实这三个词的灵活运用，取决于人们心中对比例的感知更强烈这一心理现象。

如何应用比例偏见

当我们知道人们对比例的感知更加敏感，而且这种感知会让人们有占便宜的感觉时，就要意识到，很多时候我们买东西并不是图便宜，而是因为获得了有一种占便宜的感觉。

一款产品在 A 商店卖 749 元，在 B 商店卖 699 元，差 50 元，理论上来说定价更低的 B 商店应该销量更大。可事实是 A 商店的销量远远大于 B 商店。若你仔细对比，会发现两家产品是一样的，而且都没做赠送和换购的活动。但 A 商店与 B 商店有一个区别，那就是若你用 749 元买了我的产品，你只要在买后留一条好评，店铺就会返你 50 元现金。这就是为什么即使 A 商店的定价更高，但销量却比 B 商店更多的原因，为了 50 元现金很多顾客都写了好评，店铺拥有的好评越多、得到的五星越多，以后在这里买的人也会更多。

所以很多时候客户要的不是便宜，要的是"占便宜"，要让客户有占便宜的感觉。

最后举个例子，假设你卖电饭煲，如果你的方案是买 1000 元电饭煲送 50 元的锅铲，其实这不会很吸引人。因为人们会把 1000 元与 50 元拿来比较，会认为自己花费 1000 元才得到 50 元的锅铲，不是很实惠。可是如果你把方案改一下，买 1000 元的电饭煲，虽然不送东西，但是如果加 1 元，就可以送一把价值 50 元的锅铲。这时不仅能多收客户 1 元，而且还会让客户产生很划算的感觉，因为客户此时会拿 1 元与 50 元对比，50 倍让他认为自己赚了。

商家要引导消费者的注意力关注到比例这件事情中去。与其帮消费者省下更多的钱，不如让他有更多的"占便宜"的感觉。

小结

理解了比例偏见,你在设计营销方案,或与别人阐述一个产品的优劣势的时候就应该知道,同样的内容换种角度来表达,意思跟答案会截然不同。

17 巴纳姆效应

> 巴纳姆效应这个词也许大家并没有听说过，而下面这个实验能帮助你理解"巴纳姆效应"。

实验分析

我列出七句话，大家来打分，每句话满分10分，如果你认为这句话与你本身特质契合，那就把分数打得高一点，否则就把分数打得低一点。

这七句话如下。

第一，你祈求受到他人的喜爱，却对自己吹毛求疵，虽然人格有些缺陷，但大体上都是有办法弥补的。

第二，你拥有可观的未开发潜能，你看似强硬、严格自律的外在掩盖着不安和焦虑的内心。

第三，许多时候你严重质疑自己是否做了对的事情或者正确的决定。

第四，你喜欢一定程度的变动，但是在你受到限制的时候，你又会略微感到不满。

第五，你为自己是独立思想者感到自豪，并且你不会轻易接受那些没有充分证据的言论，但是你又认为对他人过度坦率是不明智的。

第六，有些时候，你外向亲和，充满社会性；有些时候，你内向、谨慎而沉默。

第七，你的一些抱负是不切实际的。

大家给自己打的分大概是怎样的呢？你认为这些评价像自己吗？这个实验不是我胡编乱造的，而是一个真实的心理学实验。大部分受测试的人打出的分数都比较高，他们认为这几句话描述的情况跟自己特别像。其实这几句话都很空虚，并没有说出什么具体的人格特质。

巴纳姆效应

巴纳姆效应是 1948 年由心理学家伯特伦·福勒提出来的，所以巴纳姆效应又叫作福勒效应。巴纳姆效应的意思是，人会很容易相信一个抽象的一般性的人格描述，并且认为它特别适合自己，即使这种描述十分空洞，人们仍然认为其准确地揭示了自己的人格特点。

巴纳姆效应还被称为星相效应，大家可以看一下星座解析，你会发现其实不管把哪个星座的描述放在你身上，你都会觉得其中的一些描述是在说自己。

这个现象有一个心理层面的原因，当然这个心理层面的原因并不是坏事，只是我们心中想要相信它。一个人如果想要相信一件事情，总可以搜集到各种各样支持自己想法的证据，就算两者毫不相干，我们也可以找到一个逻辑，让它符合我们的设想。

有一个词叫"自我"。"自我"是无比强大的，人们认为所有关于"我"的东西都很重要，比如我的车牌号，我的手机铃声，我的电脑桌面，我的卧室里面的设计……这些都体现了"我"的存在。所以当有人不停地说话的时候，若想让他停下，你只需要做一件事情，那就是叫他的名字。因为每个人都会对自己的名字无比敏感，这就是"自我"的一个很重要的体现。

有些时候很多事情并不是这个样子的，但因为你心中想要相信它，你就会为它找到证据。这带给我们一个启发，我们要觉察自己内心所相信的东西。

有些女人总认为男人不好。其实古今中外能找到很多例子来证明男人的好，但如果你要找很多例子来证明男人的不好也有很多。而你想证明什么，你就会找到什么样的例子来说服自己。在讲胼胝体时，说到了大脑会欺骗我们，所以人要有所觉察。

最后我再给大家提两点建议。

第一，学会面对自己。古希腊阿波罗神殿的门上刻着一句话，"认识你自己"，虽然这句话是谁说的已无从追溯，但这句话代表着从最早的哲学观点来看，我们很多时候依然被一个问题困扰，那就是我们不敢真实地面对自己，总是去看自己想看的那一面，而不是自己最真实的一面。

第二，"以人为镜"。我想大家一定听过这句话："自我是看不见的东西，但自我碰到一个硬的东西后再反弹回来，你就能觉察到自我的存在了。"所以自古就有一句话叫"以铜为鉴，可以正衣冠；以人为鉴，可以明得失；以史为鉴，可以知兴替"。

小结

　　大家看完上述内容，能觉察到很多时候你理解的世界其实只是你内心所相信的世界。换句话说，这个世界是什么样子的，很重要的一部分取决于你认为这个世界是什么样子的。希望上述内容能让你有所觉察和反思。

18 结果偏见

> "结果偏见"通过字面意思大家也能理解,就是我们看到一个人获得了成功,就会自然而然地认为他过去所有的行为都有道理。但是成功者的成功经验,也可能成为他没有获得更大成功的绊脚石。所以说,有些时候限制我们成长的,并不是我们不懂的东西,而是我们所懂的东西。

人很容易崇拜自己,而且男人比女人更容易崇拜自己,原因是男人很容易把自己过去偶然的成功当成必然的成功。一个人一旦把过去偶然的成功当成必然的成功,就会特别崇拜自己今天获得的成果,进而合理化自己过去的经验。

举例分析

一个男人买了只股票赚了,其实这背后运气的成分占了一大半,但如果你问他是怎么做到的,他一定会告诉你,自己是如何分析、看大盘,获得了什么消息,他会把自己的成功分析得头头是道。

一个人买彩票,中了大奖,若你问他有什么秘诀,他会告诉你,我 30 年如一日坚持买同一组号码,终于有了回报。但是这个经验值得借鉴吗?若让他再买一次彩票还中奖其实很难。前文我们讲过概率,中彩票的概率是极低的,而且没有规律可循。

在生活中,总会有人因为看到一个好的结果,而一厢情愿地认为取得好的结果之前的所有过程都是对的。很多人认为成功人士的话语都是对的,至少成功人士说的话受到质疑的声音不会很多,但我认为这个观点值得我们反省一下。当我们理解习惯性结果偏见的时候,就要克服这件事情,也就是说要对过程的原因进行分析,特别是对过程中有可能出现的原因进行分析。

比如有测试表明,抽烟的人比不抽烟的人得感冒的概率要低。这是一个真实的数据,并且是调查了很多人得到的结果。人们看完这个数据后,会自然而然地把抽烟跟感冒关联在一起。

但是我们应该尝试问三个问题:实验结果有可控的原因存在吗?提出结果的人,知道可控的原因是什么吗?实验结果有没有可能不是这项实验现象产生的最主要的原因呢?

仔细想一想,前面所说的这项实验的结果:抽烟的人比不抽烟的人得感冒的概率要低。其实背后有很多可能存在的原因。

第一,很有可能是因为抽烟的人抽很多烟后认为手有味道,所以会勤洗手，而勤洗手导致他得感冒的概率低了，这种原因是可能存在的。

第二，抽烟的人会因为经常抽烟而口干舌燥，于是他喝水的量就增加了。喝水量增加了，新陈代谢就加快了，所以他得感冒的概率就降低了。

上述两条原因都是可能存在的，所以你无法认定哪一个是可控的原因。甚至你也无法认定这个可控的原因，是否是真实可靠的主要原因。

小结

人们往往会捕捉一个看似验证过的结果，而完全相信推导过程。若你清楚并且理解了结果偏见，至少你在看一个成功人士站在台上高谈阔论的时候，能多一份自己的思考。在你看到一份看似很权威的报告的时候，能有自己的想法。

这个时代不缺信息、不缺观点，缺的往往就是你自己的一点想法，以及怎样克服和规避结果偏见。

19 推销、销售和营销

> "推销、销售和营销",不管你从事什么工作,这三个词你一定都听过,但是你是否曾花时间想过这三个词有什么区别?

我问过很多人:"你喜欢推销的人吗?"大部分人的回答是不喜欢。我问:"为什么不喜欢呢?"他说:"太烦人了,天天打电话,天天找我。"

推销、销售和营销的区别

人们对推销的人的第一印象是他们很烦人,若你问:"你是认为推销的人找你的频率太高了吗?"他说:"是啊,他找我的频率太高了。"若你再问:"如果推销的人每一次找完你之后都给你留下 50 元,你还会觉得他找你的频率太高了吗?"这个问题往往会让对方发笑:"怎么可能啊!"这件事当然是不可能的,我只是想告诉大家你之所以认为推销的人很烦人,其实不是因为他找你的次数太多,而是因为他给你的并不是你想要的。如果他每次来都给你想要的东西,你永远不会觉得他找你的频率太高了。

有一个词叫作客户需求。推销、销售和营销,都要回到客户需求上。我给大家一个界定:推销是忽略客户需求;销售是满足客户需求;营销是创造客户需求。我来分别讲解一下。

推销。我不管你需不需要,因为我有,所以我想跟你说我的东西好,这叫忽略客户需求。

销售。我开了一家商店,晚上你刚好饿了想吃东西,而我有你所需要的商品,我满足了你本来就想要的那个需求,这叫满足客户需求。

营销。你本来只想买一包方便面,我卖给你方便面之后,向你推荐火腿肠,于是你又买了两根火腿肠,而火腿肠是"营销"出去的。因为你本来并没有想买火腿肠,火腿肠的需求是我帮你"创造"出来的。这叫创造客户需求。

若你能理解这三个词的区别,你会发现很多时候我们认为自己做的是营销工作,而实际上做的只是销售工作。当一个客户想好了要买一部手机的时候,他来你的柜台,你尽心尽力向他介绍了产品,最后把手机卖给了他。这不叫营销,只叫销售,因为客户的需求原本就产生了。

客户在决定买不买一样东西的时候,会进入五个阶段:

第一,满意阶段。目前我对这个商品还比较满意。

第二,不满意阶段。我认为它实用性不强。

第三,决定阶段。结合我的收入水平,我决定需不需要换。

第四，选择阶段。货比三家。

第五，确定阶段。我确定了其中一个产品，然后付款。而我之所以会确定这个产品，是因为它再一次让我回到了满意状态。

这五个状态如下图所示。

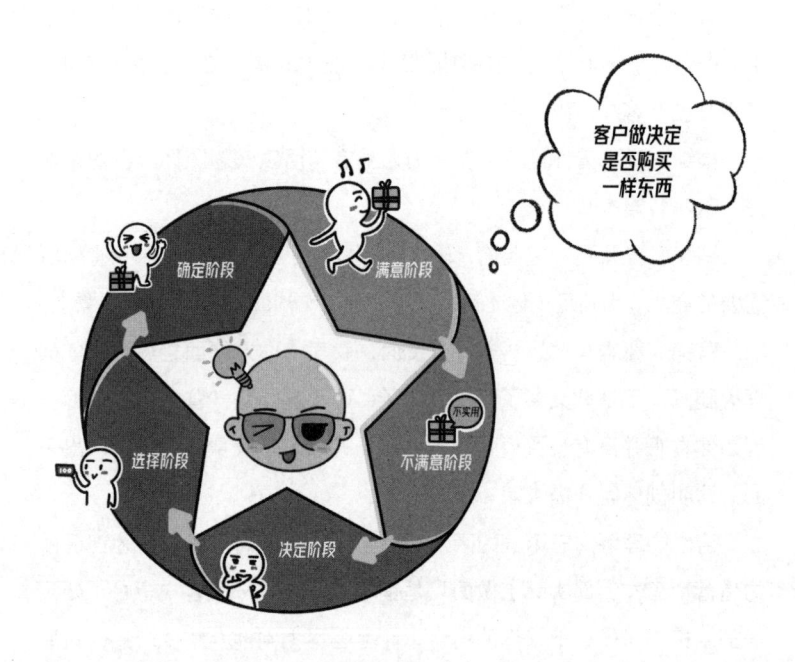

很多营销人员在现实工作中是在做第四步，就是帮客户选择。客户要来买东西，他们会给客户罗列自己产品的优点以及别人产品的缺点。帮客户做选择，做得再好也只能算是销售人员。一个优秀的营销人员，只做第一步，就是通过与客户交流，让客户对本来中意的产品从满意变成不满意，只有客户对本来的产品不满意，营销人员才能讲入第三步，进而进入第四步，让客户最终选定。

大家可以想象一下，保险业务员会怎样与你谈产品。保险的产品是很复杂的，不仅你听不懂，其实很多做保险的业务员自己也说不清楚。我认为优秀的保险销售人员都是营销高手，他们会在与你聊天的时候，问你过去有没有比较惨痛的经历，或者与你聊未来你可能还会有哪些不确定性的风险。

真正的营销高手，会放大客户的痛苦，勾起客户过去痛苦的回忆，或者引起客户对未来痛苦的预期。一旦痛苦被放得足够大，需求就产生了，人们就会由对现状的满意慢慢进入不满意。这是在卖虚拟产品的时候，营销的一种最好的、最直接的方法。

在现实工作和生活中，很多时候你也在被别人营销。比如，你进入超市，要找出口得绕一大段路，找出口的过程中若你看到牛奶降价了，你可能会又购买一箱牛奶，这是你逛超市前本来没有的需求，而超市激发了你的这个需求。

小结

如果你从事销售工作，就应该反思如何多做营销的事情。如果你是客户，那么也应该反思过去你是怎么被别人营销的。明白了这一点，我们对这个世界的理解便能够更进一步。

20 不整数原则

> 不整数原则很容易理解，即说话、开价，不要直接说整数，要说不整数，这往往对你谈价时更有帮助。

我讲锚定心理的时候说过，在谈价的时候你不妨先开价，先开出的价格会在对方的心里设定一个锚，这个锚能够帮你在接下来的谈价上占据优势。而不整数原则告诉我们，不仅要先开价，先开的价格还不能是整数。

举例分析

在一项研究中，测试者扮演买家，参与了模拟二手车购买的谈判过程。卖家给出了三个报价，分别是 2000 美元、1865 美元以及

2135 美元。三个报价中有一个报价是整数，其余两个报价具体到了个位数。

看到报价后，这些测试者要还价。实验的结果是，当测试者看到非整数的报价时，他还价的幅度比较小，平均还价 10%～15%，而当他看到的是整数报价的时候，其还价的幅度则会大很多，平均还价 23%。这个实验结果告诉我们，给出精确的开价，能够提高对方对你的信任度。

更有趣的是，实验结束后，研究人员问测试者："你为什么对不同的价格还价幅度不一样呢？"测试者说："卖家报价 1865 美元，通过这个价格我能够看出，他肯定投入了不少精力去了解这辆车的价格，并有足够的理由支持他开出这个价格。"

当你给一件物品报出了一个更"准确"的价格时，别人对你的信任度往往会提升。如果你希望客户答应你的条件的概率能够提升的话，不妨保留精确数字。比如你希望薪水能增加 10%，你在跟老板提加薪的时候，不妨说自己希望薪水能增加 9.8%。虽然你提出的这个 9.8% 比 10% 看起来要少一些，但是你最终获得的比例也许会更高。

一个钟点工，如果希望自己一个小时的薪水是 100 元，那么他可以在跟雇主谈判的时候说费用是 98 元，对方反而可能会把他的薪水涨到 100 元。

结合前面谈过的先开价原则，我们也可以把不整数原理运用到生活中，当我们买衣服的时候，心里觉得这件衣服值 200 元，但你不妨告诉卖家这件衣服我认为卖 188 元比较合适。当你开出 188 这个精确的数字的时候，会让对方惊讶一下，不管他想反驳还是想认同，至少这件事情是他过去不多见的。

小结

在工作中，我们总是希望不要拖延，希望执行力更高，比如布置任务的时候会说这个项目大家要两周之内完成。若你理解了不整数原则，你不妨告诉大家这个项目需要13天之内完成。13天这个具体时间，会给人留下一个深刻的印象，你能发现人们的响应和执行力往往提升了。好办法往往违背人们的常规想法，大家不妨在生活中尝试一下。

21 期望值

> 期望值是指人们对所要实现的目标在主观上的一种估计。这种心理预估会形成心理锚点，运用好锚点与实际情况的落差，能够干扰到接下来的实际行为，反过来影响目标的达成。

期望值的高低会决定人对结果的评价。很多时候，一个人对一件事的评价并不取决于结果本身的好坏，而取决于结果与他内心的期望值之间的差距。如果所得的结果超过期望值，哪怕结果一般也叫超出预期；若所得的结果低于期望值，哪怕结果不错也可能让人失望。

很多时候，我们并没有把期望值预设这件事情做好。比如你想买一件衣服，虽然你很喜欢，但认为它价格偏高，那么你为了能够与商家更好地讲价，是要假装自己想买，还是假装自己不想买？

我猜大部分人的第一反应是，要假装漫不经心，表现自己不太想买。现实生活中，很多人看到喜欢的东西，却抑制内心的冲动，为讲价留出后退之路，其实这样的做法是错的。

回到问题上，遇到喜欢的衣服你不应该假装漫不经心，甚至你应该表现出自己特别想买，特别感兴趣。你不要问价格，先问其他问题，比如衣服的材质、怎么保养、有没有其他颜色等。或者你可以穿上去照镜子看一下效果并请服务员给你提建议。

做完这一切，你的行为已经给服务员设下一个期望值了：这个客户应该会买的。最后你再来问价格，了解一下这件衣服多少钱。对方告诉你具体价钱的时候，如果你认为价格偏高，那么此时一定要表现得自己很遗憾，让对方知道你是因为价格的原因最后才不买的。

结合期望预设和损失规避，当对方认为你会买这件衣服的时候，他的内心已经形成事实预设，但是最后你却因为价格的原因而不买，这会给商家带来损失感，于是他会想规避损失。这时你只要提一个比较合理的价格，往往卖家就会同意。这是一种很棒的讲价策略。

可是现实生活中很多人往往是反着来的，看到喜欢的东西却假装漫不经心，随便看一看就放回原位，并没有在卖家的内心制造一个你想买的预期，导致最后你要讲价时却讲不下来，因为对方认为你只是随便看看。

有很多企业高薪挖来"空降兵"，但最后高薪挖来的人并没有得到"好评"，原因并不在于他们的能力差，而在于所有人对他们的期望很高，但是现实跟期望之间产生了差距，让人们产生了落差感。

若你理解了期望预设，作为下属就可以学着去管理上司的期望值。作为一个管理者或者一个职场人要学会两件事情，一是管理上司的资源，二是管理上司对你的期望值。我认为这两件事情会帮助大家在职业道路上走得更远。

对于做销售、做客户服务的工作人员，我们也会提到要管理好客户的期望值。很多投诉的产生，不是因为你做得不对，而是你最初给客户的期望预设太高了。

小结

本篇我通过讲价的示例，说明了期望值的概念和使用方法。希望大家可以在生活中尝试相关的策略，设定期望值，并使用合理的方法，获得对双方都较为合适的结果。

22 凡勃伦效应

> 不知大家是否知道"凡勃伦效应",用我的话来解释它就是,你喜欢的并不是物美价廉。

如果问大家购物的原则是什么,我想很多人会异口同声地说:"物美价廉。"事实上,很多时候你的答案与你真正的选择其实是相悖而行的。

举例分析

有一天,一位禅师为了启发他的弟子给了他一块石头,让他把石头拿到市场上卖掉。这块石头看起来很大,而且很漂亮。师父交代:"你不要真的卖掉石头,要注意观察,多听听价格。"

于是弟子就拿着这块石头到市场去了。在卖石头的过程中,有些人认为石头可以当小摆件,也有些人认为可以买回去给孩子玩,还有些人认为石头可以当秤砣。弟子从市场回来后告诉师父,大家给的价格大概是几十元钱。师父听后告诉他,明天把这块石头拿到黄金市场上卖。

于是弟子又拿着这块石头到了黄金市场,回来后他非常开心地告诉师父,在黄金市场上竟然有人要用 1000 元买这块石头。师父听后又让他把这块石头带到珠宝市场,并告诉他这次可以卖石头,但是记住,低于 50 万元不要卖掉。

第二天弟子就拿着这块石头到了珠宝市场,有人开价 5 万元他不卖,之后又有人开价 10 万元,他依然不卖,后来价格逐渐提升到了 30 万元。最后快到中午的时候,竟然真的有人花 50 万元买了这块石头。

这个故事虽不是真实的,但能够让我们悟出一些道理,也告诉我们一个经济规律,这个规律就叫作凡勃伦效应。

凡勃伦效应

凡勃伦效应是指消费者对一种商品的需求程度往往随着它价格的升高而增加。简单理解就是商品价格定得越高越有可能畅销。比如,人们明明知道一条路易威登的皮带成本并不高,但依然会有很多人买。原因是它能够让人们获得心理上的满足,享受到炫耀的快感。所以,与其说凡勃伦效应是一种经济原理,不如说它是一种社会心理效应。

凡勃伦效应还可以被称为"炫耀性消费"。限量版的东西,会打上号码。打号码其实不是告诉你这是第几号,只是表示它是限量品。

比如爱马仕的皮带，总会摆一个大"H"，这就像是一种标志，没有这个标志也许人们购买的欲望就会低很多。

很多时候，一个产品如果卖不出去了，不妨把价格定得高一些，也许滞销品反而能成为畅销品。当然价格定得高的时候，可以给商品加上显而易见的标志。

> **小结**
>
> 凡勃伦效应启示我们，当你做生意给商品定价的时候，不妨多给自己一个选择的空间。

23 路径依赖

> 路径依赖，按照字面的意思大家就能理解，就是我们会对过去走过的某条路产生依赖。现在思考一下，键盘为什么不按字母顺序排列，这背后有什么科学依据？

路径依赖

路径依赖，是指人类社会在进步的过程中，不管是技术演进还是制度变迁，都会遵循类似物理学中的惯性，一旦进入某种惯性，不管这个惯性是好还是坏，我们都有可能产生依赖。

这背后有两种理解：一种是组织上的依赖；另一种是个人的依赖。

组织为什么会有路径依赖呢？其实这很容易理解。一种制度只要实行了，一定会形成某个既得利益团体，会有一些人享受到制度红利。而如果有一个新的制度要推出来，不管这个新的制度好与不好，原有的既得利益者一定会跳出来强烈地反对，因为新制度会损害他们的既得利益，即便新制度对全局更有利。这是人类社会发展中的一种典型现象。

对个人而言为什么会有路径依赖呢？上文我讲过一个词叫沉没成本。沉没成本是产生路径依赖的最主要的原因。对个人而言，一旦自己做出了选择，就会不断地投入精力、投入金钱，投入各种资源。如果某一天人们发现自己过去走的道路并不适合自己，也是不会轻易改变的。因为这种改变会抹掉他过去所有的付出，让那些付出变得一文不值。

听到这里大家就能明白，为什么公司每次改革都会面临很多困难，总有人跳出来反驳，而且反驳得还挺有道理。其实这些人只是在维护他们的既得利益。

举例分析

接下来我举几个例子，大家体会一下路径依赖有多么强大。

键盘上的字母为什么不按照字母顺序摆放？其实键盘上的字母最早是按照顺序摆放的。但以前人们用的不是电脑，而是打字机，每打完一行字就要卷一下纸。若键盘上的字母按顺序摆放的话，人们打字的速度太快，卷纸的机器会跟不上打字速度，导致经常卡纸。后来人们为了不卡纸，使卷纸的机器跟得上打字速度，于是就把字母乱排，降低打字的速度，这样卷纸机器的速度就能和打字的速度匹配得上了。

不管字母怎么排，人们终究有熟练的一天，当人们熟悉打乱顺序的字母键盘的时候，打字速度会再一次提升，但随着科技的发展，卷纸的机器质量也提升了。于是这种打乱字母顺序的字母键盘摆放方式就一直使用到现在。所以键盘上的字母摆放是没有规律的，只是因为人们熟悉了这样的摆放方式。

我在前文举过一个例子，一根绳子为什么能拴住一头大象。其实逻辑是一样的，当大象处于幼年的时候，人们就用这根绳子死死地拴住它，使它挣脱不开，所以当它长大后，看到这根绳子也就不再挣脱了，这也是路径依赖。

报酬递增和自我强化与路径依赖的关系

接下来我想讲两个词，一个叫报酬递增，一个叫自我强化。这两个词与路径依赖有什么关系呢？

人们产生路径依赖，就是因为在做某件事情的过程中报酬会不断递增，导致人们依赖原有的路径继续走下去。什么叫报酬递增呢？比如，一个人在事业单位里工作，一个月工资5000元，他不满足现有的工资，打算明年出去创业。可是到了年底，领导告诉他明年给他涨300元工资，这时他创业的念头就会产生动摇。

报酬递增会让这个人对过去的路径产生进一步的依赖，最终放弃辞职。300元钱对于创业来说根本不构成思考的条件，可是人们往往就因为这300元留在了原来的公司。

所以很多时候人们不是没有创新，而是不敢有更大的创新，就像你的辞职也许会带给你更大的收获，只是你没做尝试。当然讲这个例子不是让大家辞职创业，只是让大家理解这背后的原理。

自我强化是指，因为有报酬递增，所以我们会不断强化自己，说服自己其实不改变现状也不错，最后让路径依赖成了事实。

小结

明白了路径依赖，大家不妨反思一下，我们是否晚上睡觉的时候总有千万种想法，但第二天早上起床还是不会做出什么改变？这其实也和路径依赖有关。

24 心安理得效应

> 人们对环保越来越重视,很多企业都在提倡纸要回收利用,下班后要关空调、关灯。这是特别好的想法。我们都希望为环保事业做贡献,可事实上好的想法并不见得会带来好的结果,这当中就涉及一个很重要的概念——心安理得效应。

心安理得效应

简单来说,心安理得效应就是人们在采取了一个积极的行为后,就会心安理得地松懈下来,不再去做另外的积极行为。

举例分析

减肥的人很有可能因为今天在跑步机上多跑了十分钟，而在第二天早餐的时候放肆地喝了一杯加糖加奶的咖啡，因为他认为自己昨天比平时消耗的热量多，今天多摄入点热量是没有问题的。

尝试健康饮食的人很可能会因为中午吃了一顿素食，而在晚上放开吃肉，因为他认为自己中午已经健康地饮食了。人们往往在采取了一个积极的行为后会松懈下来，不再去坚持另外一个积极的行为。

下面描述一个实验，来帮助大家更容易理解心安理得效应。研究人员找来两组人，让这两组人测试剪刀是否好用，并分别给两组人每人 200 张纸，让他们来剪。两组人分别在两间屋子里测试，其中一间屋子里只放了一个普通的垃圾桶，另外一间屋子里则放了上面写着"可回收用纸"的垃圾桶。然后研究人员让这两组人在屋子里测试剪刀的功能，并且不限制用纸数量。

实验的结果是，使用可回收用纸垃圾桶的人的平均用纸量是使用普通垃圾桶的人的三倍之多。

当垃圾桶上标着可回收用纸的时候，人们用的纸会更多，他们会认为剪完的纸可回收，所以剪多少纸都没有问题；而当垃圾桶上什么标志都没有时，人们则会下意识地控制用纸的数量。

这个实验证明了心安理得效应的存在。但有人认为这毕竟只是实验，不能代表人们在生活当中也是如此。于是科学家又做了个实验，他们先找了一个男士洗手间，然后统计这个洗手间 15 天里人们用纸的总量，统计后记下数据。接下来他们在这个洗手间的回收纸篓边摆上一个牌子，牌子上写着可回收用纸，然后测试未来 15 天人们用纸的总量。

实验的结果是,人们平均使用纸张的数量会比平时多半张。一个洗手间每天的人流量很大,每人多用半张纸,单单一个洗手间每年就多消耗卫生纸 12500 张。这是一个很奇怪的现象,回收设施的出现反而导致用纸量增加,而且增加的数字相当惊人。

这其中涉及人们的一种心理,那就是内疚心理。如果人们认为这个东西是浪费掉的、不可回收的,那么他使用多了就会有内疚感,但若这是节能的,是可回收的物品,那么他在用的时候往往就心安理得了。

如果你们的办公室要提倡大家环保,那么仅告诉大家换成节能灯、纸要回收利用是不够的,这可能让浪费变得更多。你还应该表明少浪费比回收更有用,要告诉大家环保的本质不是回收,一切的根源还是要少浪费。

小结

若你理解了心安理得效应,那么很多事情你应该意识到,只做了半步的事情以为会有效果,但往往会适得其反。而多做一步,也许效果就呈现出来了。日常生活中,我们也要注意这种心理效应的存在。

25 羊群效应

> 不知大家听没听过一个笑话,一个人站在十字路口仰望天空,过了没多久他身边就站了一个人,以与他同样的角度仰望天空,没过一会儿这里就聚集了很多人,都是以同样的角度看天空。大家看了许久,实在看不出什么,于是便问第一个人在看什么。第一个人用手揉揉眼睛,说自己什么也没有看,只是因为眼睛里面进了沙子所以仰了仰头,并问其余人在看什么。大家听完之后就散开了。

我想大家看完上面这个笑话后,可能只是轻轻一笑,认为这群人太从众了。其实所有人都有从众心理,人们有时会否定自己的意见去追随大众所认同的观念,甚至很多时候因为一件事情是大众认同的,所以并不去思考其意义所在。

有一句话用来形容这种现象特别准确,这句话叫"群体的力量,往往会使理性判断失去作用"。经济学里经常用"羊群效应"来描述个体的从众跟风心理。而之所以把这个效应叫作羊群效应,是因为羊群是一个很散乱的组织,平时总是左冲右撞,可一旦头羊动起来,其他的羊就会不假思索地一哄而上,全然不顾前面是有狼还是有更好的草。

实验分析

有人做了一个实验,让一群人坐在黑暗的房间里,通过一个小洞观察对面不远处的一个光点。研究人员会事先告诉他们那个光点在移动,让他们边看边估计光点移动的速度以及距离。实验结束后,所有实验对象都认为光点动了,只是大家对于光点移动的速度跟距离存在争议,但是事实是那个光点根本没有动。

还有一个真实的例子。英国税务海关总署有一个棘手的问题:很多国民不按时提交纳税申报单,并且不及时缴纳税款。税务海关总署尝试了很多办法通知国民,比如,针对那些没有及时缴纳的人,给他们发不及时缴纳税款就要缴纳滞纳金的信息。但整个税费的清缴率只能维持在57%左右,只比一半多一点。

后来英国税务海关总署做了一件很快让清缴率从57%变成了86%的事情,他们在每一次催缴的信息里,都如实地告诉大家,有多少人按时纳税了,并把按时纳税的人数写了上去。虽然清缴率只有57%,但是总数很大,所以写上的按时纳税的人数还是很可观的,就这么一个小小的变动,就把清缴率从57%变成了86%。

很多时候我们去医院看病要提前预约，但预约后，有时会因为一些临时的事情，没办法按时赴约。医院的大屏幕会显示没有按时赴约的人的信息。

有人对此做了一个实验，证明了医院的大屏幕显示没有按时赴约的人的信息会导致爽约的人越来越多。因为人们看到有那么多人爽约，就会产生那"我也可以爽约"的想法。

所以医院的大屏幕其实不应该显示没有按时赴约的人的信息。虽然医院这么做可能是想警告那些爽约的人，但事实上要想让大家按时赴约，医院应该做相反的事情，那就是显示准时赴约的人的信息。

谈到从众心理，我要讲一个小细节，比如，《战狼Ⅱ》为什么如此火爆。我想《战狼Ⅱ》受观众欢迎不仅是因为电影拍得好以及这部电影的爱国情结，还因为一旦过了某个点，它带来的羊群效应就会很大。

一部电影的票房过了1亿，也许并不会激起大家想看的欲望。票房过了2亿，也许会有一些没有看过这部电影的人想去看一下。票房过了3亿，又会再一次让一些想看但还没有看这部电影的人达到自己的临界点。所以每突破一个点，往往就会达到更多人从众心理的临界点。这就是为什么很多时候好的反响会越来越好，而差的反响会越来越差。其实很多项目都是如此。

有很多课程，会在页面显示已经有1万人买单了，接着变成已经有2万人买单，其实这也是在达到和突破那些犹豫要不要买单的人的临界点。若2万人变成8万人了，那些本来没想买单的人可能也就买单了，这就是羊群效应。

小结

理解了这种现象,我们就不会总取笑别人从众,我们也会多给自己三秒钟的时间思考,让自己做出更理性的判断。

26 破窗效应

> 破窗效应是犯罪学的一个理论,此理论认为环境中的一个不良现象如果没有被及时制止,可能会诱使人们仿效,甚至变本加厉。

一栋房子破了一个窗户,如果没有人去修理,那么可能让人产生破坏的欲望,会有破坏者破坏更多的窗户,最终他们甚至会闯入屋内。如果发现无人居住,也许他们会在里面定居,也有可能在里面玩耍,甚至纵火。所以一栋房子被破坏了,也许只是因为最初有那么一个破的窗户没有被及时修理。

一面墙,如果出现一些涂鸦没有被及时清理掉,那很快墙上就会布满乱七八糟的涂鸦。人们会认为反正这面墙本来就是这样子的。

一条人行道上,有一些纸屑没有被及时清理掉,那么没过多久这条人行道上就会有越来越多的垃圾,最终人们会理所当然地将垃圾随手丢弃在地上。

实验分析

美国斯坦福大学心理学家做了一个实验,他找来两辆一模一样的汽车,把其中一辆汽车停在环境良好的中产阶级社区里,把另外一辆汽车停放在一个治安相对不太好的社区里,并把这辆车的车牌摘掉,顶棚打开。结果当天这辆车就被偷走了。而放在中产阶级社区里的那辆车,整整一个星期都无人下手。

于是心理学家又做了一件事情,把放在中产阶级社区里的那辆完好的车的车窗敲了个大洞,结果仅仅过了几个小时,那辆车就不见了。

这就相当于你去一个朋友家里做客,他的家窗明几净,地板上一尘不染,若这时你要抽烟,肯定会找他要个烟灰缸,甚至你会因为这个环境而选择不抽烟。但如果他的地板脏乱,到处是纸屑,那么你在抽烟的时候可能就会更肆意一些,反正地板本来就是脏的。

很多时候我们抱怨环境的恶劣,其实我们应该反思一下自己,也许就是我们某一个不经意的行为,为现在这个看起来很糟糕的环境贡献了那最初的一扇破窗。古话说得好,"勿以善小而不为,勿以恶小而为之",还有一句话叫"千里之堤,溃于蚁穴"。

回到企业中,如果有一家企业规定了上班不能迟到,要带工牌、穿工装的要求,可是有一两个员工没有遵守规定,而且公司并没有重视这件事情,那么没过多久就会有越来越多的人认为企业规定并不是一定要遵守的。因为已经有人违反企业规定了,但没有受到公司的处罚。很多时候,人们一两个简单的行为就会影响公司的士气和员工的精神面貌。

所以如果要持一种态度，就不要抱着可有可无的心态，如果要执行一个规定，就要说到做到，自觉遵守，令行禁止。这是我想在企业方面讲的第一件事。

第二件事是，不好的事情可能会引发人们对其更多不好的猜测，反之，好的事情也会引发人们对其更多好的猜测。

一位画家想把自己心中最美的女人画出来，于是他画了一幅自己认为无可挑剔的画，赋予了自认为最美的面庞给画中的女子。他把这幅画摆到大街上去，然后在旁边写了一句话："请把你认为不完美的地方圈出来。"他原以为没有人会找出不完美，因为在他心中，这幅画已经无比完美了。可是当天晚上他去拿回画时，发现画上到处都是圆圈，人们圈出了很多他们认为不完美的地方，画家非常沮丧。就在这时，有一位老者建议他不妨换一个方式，在画的旁边写上："把你认为最完美的地方圈出来。"第二天晚上画家再次拿回画时发现，整幅画同样到处画满圆圈。

上述的故事告诉我们不要轻易放大自己的缺点，如果你轻易说出自己的缺点和不足，人们就会指责你更多不足的地方，因为这相当于你给自己破坏了一扇窗户。

而若你对自己的气质跟才气更有信心，那么也许能获得更多人的赞美。每个人本身都是一辆新车，不要自己敲破自己的窗户。你要知道一个极小的"不好"，能够引发更多的不好，一个极小的"好"，同样能够引发更多的好。

生活中，与人第一次约会吃饭的时候，最好不要选择特别高档的西餐厅，因为在特别高档的西餐厅里，人往往会本能地伪装。比如，装得特别有绅士风度,态度特别好。

但是第一次约会吃饭,也不要去特别不好的地方,因为有可能让约会对象对你产生不好的印象。不是因为人不好,而是因为这个环境会让他本能地对你产生偏见。

所以第一次约会吃饭,我认为去一个中等的地方比较好,至少你能看到这个人更真实的一面。

小结

要意识到,我们有能力塑造身边的环境,只需要从一个小小的"扰动"开始。比如,及时制止一个不善良的行为;或者,大胆问出一个有建设性的问题。初始的动作,可能随着时间的推移,放大出巨大的影响力。

27 宜家效应

> 宜家大部分的家具是需要人们自己组装的。不知大家是否发现一个现象,当人们投入了很多精力来组装家具的时候,未来对这个家具往往会更爱惜,而且对自己投入精力组装的家具往往会给出更高的价值评价。

宜家效应

宜家效应是指,消费者对一件商品付出的劳动和情感越多,对其的价值评价就会越高。

举例分析

如果随机让一个五个人的团队,每个人分别评价一下自己对团队的贡献占团队总贡献的多少,总分是一百分,理论上,五个人打出来的分数总和应该是一百分。但事实上,这样的试验打出来的分数总和往往超过了一百分,甚至达到了三百分。这说明,人们在评价自己参与的工作的价值时,会有高估的现象。人们会认为自己对整个团队的贡献是很大的。

若你积极追求一个女孩,但是她对你总漫不经心,我想这背后可能有两个原因。

第一,因为各种原因女孩实在不喜欢你。

第二,你从来没有让女生为这段感情付出过什么,哪怕让她请你吃一顿饭。若一个人对一段感情付出了时间、金钱、情感,那么他就会对这段感情更重视。

这就像妈妈都认为自己的孩子是最好的一样。因为孩子是妈妈这辈子最重要的"作品"。妈妈在孩子身上投入了大量的精力,妈妈付出的越多,对孩子产生的感情就越深。

把这种现象联系到生活中,我想给大家提两点建议。

第一,我们在教育孩子时,要反思一下自己的行为。生活中我们要让孩子"变得更重要",这个更重要的意思不是永远保护着他,而是要让孩子认为自己很重要。比如大扫除,如果孩子只是坐在那儿什么也不做,我认为这件事情就没有让孩子认识到自己很重要,而是让他认为自己很"尊贵"。我们要让孩子参与到家庭生活的方方面面,让他认识到自己的重要性，从而更爱这个家。

家里要买一个烧水壶，你不妨带着孩子一起去买，让孩子决定要买什么颜色、什么品牌的烧水壶。当孩子为了这个烧水壶自己去研究、自己去讲价，虽然最后不是他来付款，但在买烧水壶的过程中，他投入了精力和劳动。你会发现，孩子对这个热水壶会更加爱惜。

第二，当你知道一个人为做一件事情付出了劳动，往往会更热爱这件事情的时候，那么应该也能理解真正的休闲并不是什么事都不做，在生活中做点事情，往往会更热爱生活。大家想一想，若你不为生活付出一些劳动，只想休闲，那么是培养不出热爱生活的态度的，所以不妨在有空的时候，为自己找点事情做。

比如，有空的时候可以买一个半组装的柜子，自己动手操作。当你安装了一下午把这个柜子组装成功后，看着这个柜子你就会觉得很有成就感。或者买一些需要呵护的绿植摆在自己的桌子上，没事的时候浇浇水、擦擦灰尘。我认为这些小事都能够培养我们更热爱生活的态度。

小结

参与感，这将是职场中新生代员工特别在意的一种感觉。给出参与的机会，其实也是管理者对员工的一种信任。大胆给出机会，说不定新生代的员工会回馈给你惊喜。参与、自主、自驱，这恰恰是一种新的激励模式。

28 枪手博弈

> 不知大家是否听说过"枪手博弈",这个词在博弈论中很有名。枪手博弈是指三人之间的决斗,即三人持枪相互射击,每个人都想在决斗中最终生存下来的博弈。

举例分析

甲、乙、丙三个枪手准备决斗,甲的枪法最好,十发八中;乙的枪法次之,十发六中;丙的枪法最差,十发只能四中。假设他们了解彼此的实力,也可以做出理性的判断。如果三人同时开枪,并且每人只开一枪,那么第一轮枪战后,谁的存活概率会更大呢?

我们分别站在甲、乙、丙的角度来考虑一下他们会怎样选择。

站在甲的角度考虑,甲的最佳策略是先打乙。因为除了甲之外,乙的枪法是最准的，乙对甲造成的威胁要比丙大，所以甲一定会瞄准乙。

站在乙的角度考虑，乙的最佳策略是先打甲。同理可证，一旦乙把甲干掉了，之后乙和丙的对决，乙的胜算就更大了。

站在丙的角度考虑，丙的最佳策略也是先瞄准甲，因为肯定要先把枪法准的那个人干掉。毕竟对丙来说，乙对自己造成的威胁虽然也很大，但至少比甲要小一些。

下面我们来计算一下，甲、乙、丙三方各自的存活概率。甲存活则意味着乙和丙都射偏。乙的命中率是60%，射偏率是40%；丙的命中率是40%，射偏率是60%，两人都射偏的概率是40%×60%=24%，所以甲的存活概率是24%。乙存活则意味着甲射偏，甲的命中率是80%，射偏率是20%，乙的存活概率即为20%。那么丙呢？由于在第一轮中没有人指向丙，所以丙的存活概率是100%。

通过上面的分析，我们得出甲的存活概率为24%，乙的存活概率为20%，而丙的存活概率是100%。第一轮枪战之后丙一定是存活的。在这场激烈的对决中，枪法最差的丙居然是最大的赢家。

人们经常说韬光养晦，意思就是隐藏才能，不使外露，上述例子有一个很重要的假定条件，就是甲、乙、丙三人都知道彼此的实力。如果这三个人不知道彼此的实力，那么这场博弈的结果可能就变了。而能力强，又懂得韬光养晦的人，往往能成为最后的胜利者。

接下来我们把上述例子再推演一下，假设第一轮打完之后要进行第二轮对决，结果会怎么样呢？第一轮打完之后会有几种情况：甲、乙都死了，丙存活；甲死了，乙、丙活着；或者乙死了，甲、丙活着。言下之意，第二轮枪战除非甲和乙不幸都死了，否则只要他们两个人活下一个人，那么在第二轮的枪战中，丙就是处境最危险的，因为不管他单独面对甲还是单独面对乙,他死掉的概率都是最大的。

所以把这场博弈再往后推一个层面的话,我们又可以得出一个结论:能力差的人在竞争中能靠着策略赢得了一时,但是往往不能最终成事;成功重要的不是看运气,关键还是要有实力。

两个实力强劲的企业竞争,其他实力稍弱的企业会受到波及,这背后的主要原因不是谁与谁竞争产生了影响,而是自身实力的问题,而提升自己的实力则会在竞争中起到关键作用。毕竟从长远的角度来看,拥有实力才是最重要的。

小结

从枪手博弈的例子中我们知道,人要学会韬光养晦,隐藏自己的才能,不使外露,但是实力还是最重要的。而能力强,又懂得韬光养晦的人,往往能成为最后的胜利者。

29 囚徒困境

> 我们在学习宏观经济学时,必定会学习博弈论,而学习博弈论就必定会涉及囚徒困境。囚徒困境是在大部分的市场博弈理论中最接近心理学理论的一个,它非常巧妙地揭示了人性的善恶,并且告诉你,个体选择和集体选择有时候是相互冲突的。

说到囚徒困境,在很多专业的材料里,都会提及两个词,分别是帕累托最优和纳什均衡,我先用最简单的语句解释一下囚徒困境。

囚徒困境

囚徒困境揭示了一个很有趣的现象,那就是个人的最佳选择往往并非集体的最佳选择。也就是说一个人理性地做出了一个判断,这个判断从个人的角度来说是理性且最优的,但若把集体中每个人做出的理性且最优的选择集合起来,就会导致集体做出非理性、非优的选择,我们来看一看这个结论是怎么得出来的。

举例分析

有两个犯罪嫌疑人作案之后被警察抓住,正准备接受审讯。警察知道两个人有罪,但是缺乏足够的证据,所以警察把两个人分别关起来审讯,不让两人之间有交流。在犯罪嫌疑人不能互相沟通的前提下,警察告诉他们:"如果你们两人都不揭发对方,则因为证据不足,你们各判 1 年;如果你们两人都揭发对方,那证据确凿,双方各判 8 年;如果你们两人当中,一人揭发,另一人不揭发,则揭发的人因为立功可以立即获释,但不揭发的人要判 10 年。"大家猜测一下,两个犯罪嫌疑人分别会做出怎样的选择呢?两个犯罪嫌疑人不同选择的组合如下表所示。

囚徒困境

囚徒困境	乙－揭发	乙－不揭发
甲－揭发	甲:8年 乙:8年	甲:0年 乙:10年
甲－不揭发	甲:10年 乙:0年	甲:1年 乙:1年

我们站在局外人的角度很容易做判断,当然是两人同时不揭发受益最大。但这毕竟是我们作为事不关己的第三方在事后进行的判断。

想象一下,犯罪嫌疑人会做出怎样的选择?每个嫌疑人会先做理性的分析:如果同伙抵赖,而我揭发,那么我就会被放出去,同伙会被判 10 年;如果同伙坦白,我也坦白,那么各判八年;如果同伙坦白,我不坦白,那我判 10 年,所以坦白还是比抵赖要好。不管怎么算,怎么分析,最终犯罪嫌疑人分析出来的结果都是坦白是最优的选择。于是两个犯罪嫌疑人最终都选择了坦白,被各判了 8 年。

相对于两个人都抵赖会被各判 1 年来说,判 8 年的结果是非常"糟糕"的,可是犯罪嫌疑人在当时的情况下,坦白是最理性的选择。这就是一个典型的每个人做出最优的选择,却并不是集体最优选择的例子。

通过囚徒困境,我们能够见证到现在社会或者国际上的很多问题。比如:每个国家都在呼吁不要打仗,而且大家都清楚,不要爆发核战争,若爆发核战争,对全人类是没有好处的。所以最理性的判断是,大家都不要生产核武器,甚至也不要有军队,这样就能和平共处。

这是一个典型的站在第三方的角度来判断问题的方式。现实情况是每个国家都不会这么做,因为大家都担心会遭到对方的背叛,所以各国都会加强自己的军备力量,以便在对方背叛的时候自己有能力抵抗。虽然各国都做出了最理性的选择,增加了自己的军备力量,但这与我们一直呼吁的和平,却是相反和矛盾的。

很多商家都会选择为自己的产品做广告,按道理若大家都不做广告,让消费者自己选择,会更节约成本。因为做广告要花费很多钱,所以谁都不做广告是最好的选择。可事实上,商家都会选择为自己的产品打广告。商家知道打广告会降低自己的收入和利润,但别的商家打了广告,自己的生意就会受影响。所以每个商家都会尽己所能为商品打广告。

虽然达成协议不打广告,减少广告的开支是最优的选择,可事实上人们会通过增加广告的开支,设法提高广告的质量来战胜对方。

> **小结**
>
> 在某些情况下,个人的最优选择不一定是整体的最优选择。如果每个人只考虑自己的利益,那么最终结果可能会对所有人都不利。在团队中,我们需要考虑到整体利益,做出对集体最有利的决策,而不是只考虑自己的利益。

30 首因效应和近因效应

> 首因效应和近因效应看起来是相互矛盾的两种效应,但看完接下来的讲解,你会发现这两个效应其实是互相协作发挥作用的。

首因效应

首因效应也叫第一印象效应,指交往双方形成的第一印象对今后交往关系的影响,也就是"先入为主"带来的效果。虽然这些第一印象并非总是正确的,但却是最鲜明、最牢固的,并且决定着以后双方交往的进程。所以给别人留下一个好的第一印象,如乐观的、积极的等,会对双方未来交往有明确的帮助。那么为什么会产生这种作用呢?

一种解释认为,最先接收的信息所形成的最初印象,会刻在你的脑海里,形成一个记忆图式。记忆图式一旦形成了,后续输入的信息会同化到这个记忆图式中去。也就是说,首因效应是一种同化模式。

另一种解释是以注意机制原理为基础的。最先接收的信息，没有受到任何干扰地得到了我们更多的注意，因此信息加工精细。可是后续的信息很容易受第一次信息的影响，易受忽视，信息加工粗略。粗加工的信息当然比不上精加工的信息，所以首因效应才会产生。

下面我来说一个实验，这个实验能帮助我们理解首因效应，并让我们知道一个人在判断另外一个人的时候，首因效应发挥了怎样的作用。

实验分析

实验人员分别给两组人看两段文字。这两段文字，一段描述小丽乐观、积极、热情，一段描述小丽冷漠、内向、孤僻。两组人得到的小丽的信息都是一样的，但仅有一个区别，那就是第一组先得到的是小丽乐观、积极的信息，之后得到小丽冷漠、内向的信息。而第二组则先得到的是小丽冷漠、内向的信息，而乐观、积极的信息是之后得到的。简而言之，就是两组人得到的材料是一样的，但是顺序不同。

实验人员让两组人阅读信息，并对小丽的性格做评价。实验结果表明，第一组中有78%的人认为小丽是一个乐观、积极、热情、外向的人。第二组中只有18%的人认为小丽是一个外向的人，也就是说有82%的人认为小丽是个内向的人。

这个简单的实验验证了即使是对一个从没接触过的人，人们对其的印象也会因为先得到的信息而先入为主。

既然首因效应这么重要，那么我们首次与别人见面的时候，就要注意坐姿和站姿。姿势要更开放一些，不要非常拘谨；与他人聊天的时候，身体可以微微向前倾，以显示你们在心理上的接近；交谈的时候目光要与对方有一些接触；彼此间的氛围尽可能放松一些。掌握这几点，相信能够给别人留下一个好的第一印象。

近因效应

近因效应是指交往中最后一次见面或最后一瞬给人留下的印象，这个印象在对方的脑海中会存留很长一段时间，不但鲜明，而且能左右整体印象。就像多年不见的好朋友，在你大脑里面的最深印象并不是最初的印象，而是最后一次分别时的情景。

若一个人总是让你生气，你认为这个人很讨厌，可是如果有人问你，他做什么事让你生气了，你说来说去，大概也只能说出最后一次他让你生气时的两三条原因，这就是近因效应。

如果把首因效应和近因效应摆在一起认真分析，你会发现两种效应并不矛盾。原因是人们在评价不太熟悉的人的时候，首因效应发挥的作用更大，而人们在评价一个特别熟悉的朋友的时候，则近因效应发挥的作用会更大。若你与一个人认识了好几年，在你与他相处的这些年中，你对他形成了更完整的印象，则这个更完整的印象会把你因首因效应对他产生的初步印象给覆盖掉。

小结

理解了首因效应与近因效应后，我们在与人交往，或是评判一个人的时候，更能做出理性的行为和判断。同时不要随便给他人贴标签，因为这些标签可能只是你的某一瞬间的判断而已。

31 权力转移

> 权力转移是现在以及未来商业中,人们会经常听到的词,意思是权力越来越被弱化。

若你对一个出生在60年代的人说,"官大一级压死人",他会认为你说得很有道理,因为他们曾生活在那样的环境下。但同样的话你对一个"90后",或者对一个"00后"的人说,他会认为你不可理喻,思想太落后了。

对于"90后"和"00后"来说,权力在他们的概念中越来越被弱化。试想一下,一个人掌握什么才能掌握权力?很多人说资源,对,但不够准确。准确地说是信息,掌握信息的人,才能掌握权力。

举例分析

假设有一个学生,调皮捣蛋,学习不太好,还经常因为说话被老师罚站,叫到办公室批评。今天他又因为上课说话而被老师叫到办公室批评了,回来之后,班级里的同学都在取笑他。

大家猜测一下,这位学生说一句什么话,会让他在所有的同学中占有一种权力?他只要说"刚刚我在被老师批评的时候,偷偷看了明天考试的考卷"就能瞬间让他拥有"权力"。

这句话代表这位学生掌握了一部分信息,而且信息是其他学生想知道,但是又不知道的。

掌握信息的人掌握权力,这也就是为什么"90后"和"00后"对权力没什么感觉。因为"90后"和"00后"生活在一个信息越来越透明的环境中。

如果信息不透明,人与信息之间会有特别大的壁垒,那么信息和权力就会变得格外值钱。而互联网让信息变透明、变分散,于是权力也就越来越分散。

这也是商业社会中,我们经常谈到的权力在发生转移的背后最重要的基础。权力由上司慢慢转移到了下属,由卖家慢慢转移到了买家,由医生慢慢转移到了患者,各行各业都在进行权力转移。

小结

互联网的伟大之处在于信息越来越分散、越来越透明,更重要的是信息透明的速度越来越快,所以权力就越来越分散。管理者和商人,都会逐渐意识到这点,因为他们很难再用手中仅有的权力去指挥、命令和控制别人了。这是商业社会中每一个管理者都应该思考的问题。甚至父母也应该认识到,自己很难再用父母的权威去指挥和命令孩子。

32 区块链

> 我相信不管大家关不关注，生活中或多或少都能看到一些关于区块链的报道，它似乎要成为未来的一个趋势了。

如果从专业的角度来解释区块链会比较复杂。下面这个例子，方便大家理解区块链。

举例分析

雅浦岛位于太平洋，是一个土地总面积为 102 平方千米、人口约 1.1 万人的小岛，但不管岛再小，人口再少，住在岛上的居民总会有买卖交易，要用到货币。

一般充当货币的东西是金、银或者某种中介物品，但因为当地不产金和银，只有一个资源最多，那就是石头。所以在雅浦岛上的人们就以石币充当以物换物的中介。当地人称这种石币为"费"。

这些石币大小不一，小的直径约30厘米，大的直径甚至达到了3米，厚约50厘米。一块直径3米厚50厘米的石币大概有4吨。石币越大，质地越好，价值就越高。

石币的价值不仅是由它的大小和质地衡量的，石币曾经是由谁运输的、运输的人的名气、运输过程的艰难程度，都会左右这块石币的价值。

石币当中有一个孔，方便人们插入杆把石币串起来搬运，但是受石币重量所限，太大的石币很难搬运。考虑到这个问题，当地居民想了一个办法，当一宗很大的交易结束后，受石币重量所限，并不用搬离前所有者的家，而是在石币上做标记表示所有权已经易手。只要大家都认可所有权属于谁，便承认了财富的转移。

打个比方，我想买你的房子，需要给你一块很大的石币做交易，可是这块石币很重没办法搬运。那么你可以在石币上刻上某年某月某个人把此石币转给了某个人。而且为防止有人偷偷刻字，所以在刻字的时候需要召集大家过来见证。

岛上的居民对石币的价值十分认可，居民们拥有石币的数量和大小就代表了他们财富的多寡。

岛上有一户人家，曾经找到了一块巨大的、质地特别好的石币。可遗憾的是在运输的途中遇上了海难，石币掉到海里面了。虽然石币掉到海里面了，但是当地人依然承认那块石币的存在。也就是说即使那块石币不见了，但理论上这户人家依然拥有这块石币，他可以用"这块石币"买东西。买完东西后，依然要召集大家过来见证，告诉大家，海里面的那块石币交换给谁了，大家也会承认此交易。石币的价值并不会因为石币所处的地点而有所下降，因为人们相信它存在，它就存在了。

雅浦岛上的石币具备了区块链的众多属性。区块链本质上是一个去中心化的数据库，它是比特币的底层技术。区块链你可以理解为一个一个的块，链成一条一条的链，每一个块上记的是交易信息。这个信息并不是记忆在某一台电脑上，而是在整个网络中的所有电脑上，网络中的所有电脑都参与了这个记账过程，就像岛上的居民都见证了石币给了谁。

账是记在每一个区块数据库里面的，所以你无法篡改。从狭义的角度来说，区块链是一种按照时间顺序将区块、数据块从顺序的角度联合的一种链式的数据结构，并且每一个链式的数据结构都有密码，不可篡改、不可伪造。

区块链的优势在于去中心化，不可篡改、全程留痕、可以追溯、集体维护、公开透明等。这些特点保证了区块链的"诚实"与"透明"，为区块链创造信任奠定了基础。它涉及数学、密码学、互联网和计算机编程等很多科学技术问题。

雅浦岛上的居民们之间的共识，就相当于区块链的技术，叫作底层技术。石币就相当于比特币。理解了雅浦岛上的石币，你就能理解现在的区块链和比特币。

而且，比特币只是虚拟币当中的一种，现在又产生了各种各样的币，其实都是以区块链为底层技术，逻辑和道理都是一样的。

小结

　　区块链不仅仅是一种数据库技术,更是一种思维,是一个去中心的生态经济体系。去中心、生态,是其中的关键词。生态式的动态进化加上去中心化的自我激励,也正是今天企业形态的努力方向。

33 联 盟

> 联盟,在未来不会仅仅是一种口号或倡导,而是一种真实的协作关系。每个独立的个体,不一定得固定于某个组织形态之下,而是灵活地与周边人创造出目标的交集,并且共同努力实现。

过去是权力集中、工业化、对资源进行占有的年代。所以"你是我部门的人",言下之意就是我对你有控制权,我们之间的关系是从属关系。

可是在权力不断转移的未来,人与人之间的关系不再是控制和从属。即使你是我的上司,你也很难指挥和命令我工作。你只能协调我的工作,而即使是协调工作,也一定是基于某个目标,你才可能协调我做某一件事情。所以,工作之间的关系会从控制到协调,人与人之间的关系会从从属进入联盟。如果用一句话来概述联盟,我认为联盟可以叫"谁也不是谁的谁"。

以前在工作中，我们都会认为经理对总监负责，总监对分管的副总裁负责，分管的副总裁对总裁负责，一级对一级负责。所以很多人会认为经理在为总监工作，总监在为分管的副总裁工作。其实这句话的背后表示双方是从属关系。现在这种关系会越来越弱，因为人们都只为自己工作。

既然你和我都各自为自己工作，我们为什么还要联盟呢？原因是我们的目标有交集。所以联盟有一个很重要的前提条件，大家都是基于目标的交集而联盟的。你有你的目标，我有我的目标，刚好我们的目标有交集，那我们就可以联盟。

一家公司，在三年内需要一个有创意的设计师，而你作为一个有天赋的设计师刚好也想在三年的时间里提升自己的水平，那么在这个点上你们是有目标交集的。若你们联盟三年，三年之后你的能力进步了，想去一个更高的平台，那么你可以去找更高的平台进行联盟。

每个人都想为自己谋求一个更好的未来，一旦他认为自己的能力更好了，认为原来的平台不匹配自己能力的时候，就会去一个更高的平台。所以我认为本质上没有离职，只有毕业。

我在这个平台学习，贡献了我的价值给你，你也利用了我的资源。现在我的能力进步了，我要去更高的平台。等有一天你也提高的时候，我们的目标又有了交集的时候，就可以再进行联盟。

所以，不要认为离职就叫背叛，也不要认为离职之后两个人就不会再有交集了。离职只是毕业，在这几年里我们的目标都实现了，我们达成了联盟的目的。

回到生活中，很多父母都认为孩子是自己专属的，总想用孩子来实现自己未尽的目标。比如，有些父母的梦想是当一名医生，于是就会想把自己的孩子培养成医生,因为他们认为孩子是自己的,所以孩子可以去实现自己未尽的目标。

可是父母和孩子之间的关系并不是从属,而是联盟。在孩子小的时候你帮他,而在你老的时候孩子帮你,你们之间的联盟是为了彼此的快乐和成长,这是你们共同的目标。

我特别喜欢一句话,"孩子借由你的身体来到这个世界,但你千万不要误以为孩子是为了你才来到这个世界的"。你在孩子小的时候给他提供支持和帮助,但不要把他当成一个工具来实现你想要实现的目标和价值。

小结

"联盟"这个词可以放在工作、生活和夫妻关系中。一旦我们能站在联盟的角度看待人与人之间的关系,那么就会改善我们的人际关系。

34 新零售

> 新零售是这两年来热度很大的一个词，不管是做线上还是做线下的人，在很多场合都会谈到这个词。而且一说到新零售，就会连带着谈到其他很多词。比如：技术赋能、大数据、互联网、人工智能、OTO、C2M、数据、驱动、无人便利店等。
>
> 人们似乎都喜欢用一些更新颖的词来解释一个新概念。我认为有些时候把新零售解释复杂了，反而让人不明白新零售的意思。所以我想用更通俗的语言把它解释清楚。

新零售

新零售只是个概念，但我认为新零售这个词其实很具体，它的方向也很明确。一说到新零售，有些人就会用上专业术语，比如，用线上线下打通全渠道服务来概括新零售。还有些人依托人工智能的大数据分析，来概括新零售，我认为这些都只是形式或者过程。

回到一个人最本质的需求上，所谓的零售无论再怎么新，作为客户，要求无外乎就四个字：多快好省。若商家想在原有的零售方式上做个改变，比如：原本在楼下开的一间杂货铺，老板想把杂货铺里的东西搬到淘宝上去卖，顾客可以直接在网上下单，由快递寄出。请问这叫新零售吗？

很多人认为这是新零售，但其实这只是换了一种形式而已，本身并没有变得"多快好省"。杂货铺在楼下，需要顾客下楼是有点麻烦，但还是挺快的。若变成网上购物，看起来形式是变了，但其实并没有变得"多快好省"。所以，新零售不是仅仅形式上的改变，而是一定要达到"多快好省"。

"多快好省"

结合四个字我来谈一谈，什么是"多快好省"。

● "多"

我有个线下杂货铺，因为空间大小的关系，我的店没办法陈列很多东西，唯一的优势就是地理位置以及我跟附近的居民很熟悉。为了实现多快好省当中的"多"，我创建了一个微信群，哪怕运营得差一些，但至少我能够连接到周围3公里甚至5公里范围内的水果店、菜市场、超市，来服务本社区的居民。

我突破陈列上的固有劣势，运用某种小程序让自己的店陈列品变多，同时保持了已有的交付速度和顾客的信任度。在保证已有服务的水平上，我让杂货铺的品类变多了，这就属于新零售的方向。

- "快"

"快"就是降低别人拿到这件商品的速度。比如,我们在"双十一"购物节或者电商购物节买东西的时候,会把要买的东西放在购物车里。即使没有下单,大数据也会结合你的习惯,分析出你购买哪些商品的概率是最大的,并通过大数据的分析,把这些货物配送到离你更近的配送站。这样当你下单后,这些东西可能会比原来更快的速度运到你的手里。

- "好"

"好"就是让产品本身变得更好。比如:产品更智能化、拥有了更强大的分析能力,我们称这种升级为消费升级。

- "省"

"省"无外乎就是省掉中间的交易结构和流通结构,把更多的利润给消费者。比如现在很多电商平台。

当然,有一些人解释新零售的时候,会从"流"的角度来解释。比如:产品流、业务流、客户流、物流等。

新零售,也可以从其他的角度来解释,但不管从哪些角度来解释,都要回到客户最原始的需求。顾客不会关注你的花样是什么,只关注能否在一个地方选到更多自己想要的东西,并且选完之后能更快得到它,当然,如果能够更便宜是最好的。而且产品本身用起来能不能比以前更智能、更完善,也是顾客关注的内容。

小结

现在的互联网会有很多新的概念，但不管这个概念再怎么新，最终还是要回到消费者最本质的需求上。我认为要理解商业最本质的逻辑，一定是理解商业背后本质的和基础层面的需求，这样才可能帮助我们构建繁荣的商业。

35 阿米巴

> 对有些人来说,"阿米巴"是经常会听到的一个词,比如在很多场合中会听到有关阿米巴经营、阿米巴模式的信息。但对没听过这个词的人,就根本不知道阿米巴是一个什么东西。

阿米巴

阿米巴,即阿米巴虫,为原生动物门肉足纲根足亚纲变形虫目变形虫科的一属。虫体赤裸而柔软,而且在各个方向都可以生出伪足。

阿米巴的形体是变化不定的,因此阿米巴又被叫作变形虫。变形虫最大的特性就是会随着外界环境的变化而变化,不断调整自身来适应生存的环境。这种生物的生存能力极强,它们在地球上存在了几十亿年,是地球上最古老、最具生命力和延续性的生物体之一。

商业中的阿米巴

可是为什么在商业中会经常提到阿米巴呢？这就必须要提到京瓷公司。京瓷公司是稻盛和夫所创建的公司中第一家世界 500 强公司。京瓷公司经历了四次全球性的经济危机，仍然屹立不倒，并且还得到了持续发展。

20 世纪 90 年代末，亚洲金融风暴过后，日本有很多公司都出现了问题。在大部分公司都受到金融风暴影响的时候，名不见经传的京瓷公司反而在东京的证券交易所成为市值最高的公司。

因此很多专家开始研究京瓷公司屹立不倒的原因，分析其有什么经营秘诀。后来人们发现，京瓷公司的经营方式和阿米巴虫的行为方式非常类似，所以人们就把京瓷公司的经营模式叫作阿米巴经营。

大家应该还听过一个词叫"海星型组织"。海星虽是海洋生物，但是很多人会把一些企业的经营模式称为海星型组织，原因是海星有一种特征，这种特征和一些企业的经营模式很像。砍掉海星的一个触角，或者砍掉它身体的一部分后，海星就会变成两个残缺不全的海星，但没过多久，这两个残缺不全的海星都会各自长成完整的海星。

阿米巴经营

阿米巴经营指的是把一个集团分成更小的单元，通过每个单元跟市场的直接连接以及独立核算进行独立运营，目的是培养每一个独立单元背后领导人的经营意识和领导能力。把一个组织不断划小，划成最小的组成单元，那么每个员工的经营和参与感就会被激发出来，这就是京瓷集团内部独立创造的经营管理模式。

京瓷公司的主要产品是陶瓷，陶瓷产品会有混合、成型、烧结以及精加工四道工序。把每道工序分成四个阿米巴，每个阿米巴就像一个单独的小企业。它有经营者，有销售额，有成本和利润的核算。阿米巴经营不仅考核每个阿米巴的领导人，更重要的是考核阿米巴团队当中每个人每小时的附加价值，所以可以很好地把全员经营的方针和战略，落到具体的实处中去。

当然，我所谈的关于阿米巴的理解都是非常肤浅的，现在并没有阿米巴更详细的说法。因为京瓷公司虽公布了阿米巴模式，但并没有公布它的核心和精髓。仅是如此，这种理念已经让很多做企业的人产生了更多创新的想法。

一个企业能否把阿米巴经营运用好，不是只学会它的形式就可以了。其实，阿米巴模式能在一个企业中落实下去，最重要的不是它的这些方法，而是它背后的灵魂以及文化。而灵魂和文化跟企业领导人有着极其重要的关系。

说到阿米巴，就不得不谈到京瓷公司的创始人稻盛和夫。稻盛和夫是日本的实业家，创造了两家世界500强企业，这在全世界是绝无仅有的奇迹。

2010年，日本航空破产了，稻盛和夫接手。没想到，在他接手的第二年，日本航空就扭亏为盈，公司不仅继续保持了"黑字经营"，而且纯利润高达1866亿日元。很多人都把他称为"经营之圣"。

我认为，稻盛和夫成功的背后，与他的精神、思想和信仰有很大的关系，这才是阿米巴经营能够落地执行的关键。离开了这个哲学和思想层面，想简单地复制阿米巴经营模式是很困难的，大部分企业尝试后不一定会成功。

虽然现在中国有很多咨询公司跟商界都在推崇阿米巴经营,也都在告诉大家我们能教授阿米巴经营的方法,但事实上能成功使用阿米巴经营的公司特别少,因为阿米巴经营的关键不在于它的方法以及技能,而在于它背后的灵魂人物,以及这个人的思想境界。

很多人会把承包制跟阿米巴经营搞混淆,但其实承包制跟阿米巴经营是两个完全不同的概念。

小结

阿米巴经营模式,是一种量化的赋权管理模式。通过这种做法,能够让每一个一线员工成为主角,主动参与经营。所以,它更重要的一个方向是推动全员参与经营,全员有经营意识,全员有销售额、成本和利润。每个人都是独立的经营个体,这是阿米巴经营推崇的一个方向。当然我要再强调一遍,这背后跟企业文化以及领导人有着至关重要的关系。

36 精力管理

> 我们要管理的是精力,而非时间。很多人对时间产生焦虑,是认为时间不够用,他们总是为如何合理规划时间、怎样把时间管理工具运用得更好而发愁。

不久前我看了一篇文章,大概的意思是,若是每天睡觉的时间超过四小时,你成功的概率就会减少一半。这篇文章的转发量很大,我看完之后特别惭愧,认为这辈子我估计要和成功无缘了。

我没有仔细统计过,但大概翻阅了一下各类线上学习平台,我发现这些平台上最常见的课程就是时间管理类的课程,而我们在很多地方,也可以到处见到时间管理达人、时间管理专家。我认为这里面有一个偏差,我们实际上要做好的是个人管理,而个人管理中,时间管理并不是最重要的一项。

做好个人管理就是把最重要的事情放在状态最好的时候完成,并且取得最优的效果。换句话说就是高质量地完成预定的目标或者任务。

但是，在现实生活中，我们往往做了很多努力，所得的结果却并不理想，可见最高的时间使用效率，并不一定有最优的效果。

举例分析

"双十一"是个重要的日子，现代管理学之父彼得·德鲁克先生就是在 2005 年 11 月 11 日去世的。每年的这一天会有很多商界人士一起缅怀老先生。德鲁克先生帮我们区别了效率和效果这两个概念，他在书里写道："世界上最没有效率的事情，就是以最高的效率做没有效果的事情。"

德鲁克用了一个非常生活化的例子：有一回，德鲁克在电梯上遇见了与他分别四年的未婚妻，他们乘坐的是手扶电梯，并且一个正往上走，一个正往下走，两个人都看到了对方。

德鲁克一下电梯，就赶紧换了向上的电梯去追他的未婚妻，而他的未婚妻也马上换了一个向下的电梯去追德鲁克。结果，他们又一次擦肩而过。也许是沉浸在久别重逢的喜悦中，所以两个人又一次重复了上面的动作，结果在电梯上第三次擦肩而过。后来，德鲁克明白了，他必须停下来，站在那等待，才能和未婚妻拥抱在一起。这就是效率和效果的区别。

我们在忙于做时间管理的时候，不妨问一下自己，我们现在做的事情，是不是只是让自己在电梯上多跑了几圈，是不是正处在一个高效率但实际上低效果甚至没效果的状态里面？并且我们还停留在自我感觉高效率的满足当中。

我并不是说时间管理不重要，但时间管理顶多只能帮你做到不浪费时间，但并没有体现个人管理的关键部分。为了实现个人管理的目标，我的观点是，管理好自己的精力，不要把自己当成机器。

人和机器最大的区别在于机器的精力是恒定的，而人的精力是变量。联系生活我们想象一下，你为了管理好孩子的时间，所以在时间点到了之后，会强制收回他的游戏机让他看书。事实上，孩子即使在看书，可他的精力也根本没有在书上。

有一次，我去上海出差，刚好有一个朋友搬进了新房子，所以我就去他家做客，他的太太拿出了她帮孩子安排的暑假计划表，想让我看一下是否合理。

时间管理之所以被大家广为接受，是因为它简单。这就像排班一样，排好了按照计划表进行就可以了。

我不需要给各位描述那张计划表是什么样子，大家应该能想象出来，无非就是早上几点起床，然后按照时间表做事，一直排到了晚上几点睡觉。

这就像家长给孩子上好发条让其做事一样。这背后的假设是，孩子的精力是恒定、均摊的，这是个非常奇怪的工业化思维逻辑。

所以，我的建议是，不要简单粗暴地只管控孩子打游戏的时间。家长可以试着玩一下孩子正在玩的游戏，了解一下这个游戏玩到什么程度可能是个高潮，做一个能有节奏地管理孩子精力和状态的父母，而不是本着一刀切的工业化思维来管理孩子。

如何管理好状态、管理好精力？

每个人一天的好状态、分布点各有不同，这就需要我们有意识地识别，自己什么时候状态最好。有些人天生是"夜猫子"，那晚上他们就可以适当加班，不必早上参加什么打卡群。

大家可以留意一下自己一两周的时间安排，甚至可以做记录。这样你就能发现，一天下来自己状态好的时候大部分是在哪个时间段，进而了解这一天自己的状态跟精力分布。然后，把这部分时间拿来做你这个阶段最重要的一件事情，注意，只做一件事情。

相信很多人都听过"二八法则"，每天运用好20%的好状态时间，能够创造这一天80%的工作价值。我们对时间的焦虑很大程度上来源于时间不够用、时间要如何分配、那么多的时间管理工具该用哪一个等问题。我们陷入了一种旧有模式的怪圈，总是抓住时间不放。

事实上这种时间管理的背后就是把人当机器看。你会发现自己越做时间管理，时间往往越紧缺，永远不够用。而运用好自己20%的精力和状态最好的时间，管理好自己的状态，管理好自己的能量，更重要的是管理好自己的精力，能帮助你创造出更多的价值。

小结

大家都在说，这个时代是机会更多的时代，但是我想补充一句，这是个机会更多，但成功概率更小的时代。所以，我们要清楚自己的目标，用更好的状态做更有效的事情。首先要做好个人管理，而个人管理的前提就是管理好自身的精力和状态。所以，不要一味做时间管理，抓住个人的状态管理和精力管理才是更重要的。

第 3 章

实操篇
—— 有效果比有道理更重要

▶▶▶▶▶▶▶▶▶

我们将进入一个新的篇章。此篇章的商业氛围不会像之前的那么浓厚，商业知识也不会那么直接和明显，但是这篇的内容一样很重要，因为我将回到个人的层面与大家谈一谈如何提升自己，以及如何影响别人。

37 能力圈原则

> 不知大家是否看过一本书叫作《高效能人士的七个习惯》。高效能人士的七个习惯中的第一个习惯就是积极主动。很多人一听到积极主动，就认为这本书是个心灵鸡汤，也没什么好看的了。可是，只要认真看过这本书的人，都能从本书第一个篇章中收获一个很重要的知识，这个知识就是"能力圈原则"。

每个人都会有两个"圈"，一个很大的圈，外面又套了一个更大的圈。在这个更大的圈里，是你关注得到的事物，这个圈叫作关注圈。关注圈里的事物是你力所不一定能及的事情。而在关注圈里还有一个圈叫作改变圈，改变圈里的事物是你力所一定能及的。

大家猜想一下，生活当中我们把注意力更多地放在关注圈上，还是改变圈上？事实上大部分人都会把注意力放在关注圈上，放在自己力所不一定能及的事情当中，而往往忽略了自己力所一定能及的那些事情。

📝 举例分析

一个员工想找自己的领导申请某个资源。他在找领导前,可能想了一堆顾虑,比如:这个时间我去找领导,领导可能不会答应;领导最近特别忙,我跟他说这件事情他会不会不开心;领导之前好像说过这件事,我再去说可能没用,我还是不找领导了吧。很多人都有这种心态,在还没去找领导时就预想了一切领导不答应的情况,于是最后自己打消了积极性,放弃了最初的目的。

回到上文我们谈到的关注圈和改变圈,你就应该知道,我们要完全逆向地思考整个问题。你应该首先思考,领导答不答应这件事情在你的关注圈里还是改变圈里。其实领导答不答应这件事情在你的关注圈,因为领导答不答应是你力所不一定能及的,那是他的决定。但是,有哪些事情是你力所一定能及的呢?比如:什么时候去找领导,去不去找领导,以及去找领导之前要如何准备,这些事情是你能决定的。你要把自己所有的注意力花在力所一定能及的事情中,而不要去焦虑那些力所不一定能及的事情。

很多人就是因为总焦虑自己力所不一定能及的事情,花费了很多时间和精力,忽略了自己本身可以做得更好的事情。比如在找领导谈事情之前,可以想好如何跟领导说,若认为自己说不好,还可以请教他人。不要总把精力浪费在去想、去焦虑领导会不会答应的问题上。

生活中也是如此,举一个简单的例子。对很多人来说,最大的关注圈就是自己的微信朋友圈,但微信朋友圈里面发生的很多事情都是你力所不一定能及的。比如:别人今天是不是去玩了,别人今天吃的是什么,有没有人在晒幸福,有没有人在看电影……其实这些都是你不能改变的，因为那是别人的事情。可是大家反思一下，现在有多少人把时间都花费在了刷朋友圈上？

我建议大家把自己更多的时间放到改变圈上，与其每天花很多时间刷朋友圈，不如把那些时间用来自己发一条朋友圈。刷朋友圈是你的关注圈，那些事情你改变不了。而发朋友圈是你的改变圈，是想发什么就可以发什么的，这件事情你力所一定能及，你说了算。

小结

与其把很多时间用在力所不一定能及的事情上，不如把这些时间用在力所能及的事情上，让自己更积极主动一些，成为高效能人士。希望这个建议你能采纳，利用好能力圈原则，往往能够让你变得比优秀更优秀。

38 幸福汉堡

> "幸福汉堡"这个词一听就挺有趣的。但是"幸福汉堡"实际上跟汉堡本身没有太大的关系,它是一本叫《幸福的方法》的书中的一个概念。

《幸福的方法》

《幸福的方法》是哈佛大学教授泰勒·本-沙哈尔的著作。他在吃汉堡的时候感悟出来了一个关于幸福的话题。所以,在书里他把"幸福的方法"叫作幸福汉堡,在这里我就使用了这个说法。

每个人都想要幸福。甚至我们可以说,人们工作在本质上都是为了更幸福地生活。可是我们对幸福的理解总是会陷入某些误区。所以,我想借助《幸福的方法》里面一个很核心的观点,与各位谈谈关于幸福的话题。

请大家先想象一个十字轴,横轴叫作现在,纵轴叫作未来,你可以跟着我的思路画一个图。

横轴和纵轴所划分的四个区域，每个区域是一个象限。第一象限位于右上角，代表既关注现在又关注未来，这个象限代表的人叫作幸福主义者。也就是说一个人若懂得享受当下拥有的快乐，又知道去规划未来、筹备未来，就叫幸福主义者。

另外两个象限，一个在左上角，一个在右下角。左上角的那个象限，代表只关注未来的幸福，但不去感受当下的快乐。左上角的这个象限代表的人叫作忙碌主义者。右下角的象限，代表只享受现在但是不考虑未来，这个象限代表的人叫作享乐主义者。

有些人可能认为，我要说享乐主义不好，告诫大家不要成为享乐主义的人。而事实上我想告诉各位，不要不由自主地成为忙碌主义的人。对于现在的生活来说，我认为最能把人们逼入困境的，并不是享乐主义，而是忙碌主义。下面我想好好跟大家解释一下忙碌主义。

忙碌主义

忙碌主义就是：当下你有条件可以享受到快乐、感受到幸福，可是却总把幸福寄希望于未来，也就是永远只着眼于未来而不享受当下。

我认为人们之所以会有这样的想法，是因为从小到大，老师和父母都是这么教育我们的。比如：我们在读小学的时候，父母会告诉我们努力一点、用功一点，等上了初中就好了；等我们上了初中，父母会告诉我们只要进入重点高中，那么就离成功的人生不远了；当我们考上了重点高中的时候，父母又会告诉我们高考才是最重要的，咬紧牙关、拼命读书，高考取得好成绩，进入好大学。

你会发现父母总会告诉我们当下痛苦没关系，当下辛苦一点没关系，只要未来能实现某件事情，我们就可能会幸福。于是这就培养了很大一部分人，让他们有了这种忙碌主义的思维方式。

其实，很多时候我们看起来很勤奋，事实上却很可悲。我们的可悲之处就在于我们永远走在勤奋的道路上，却没有体验到自己要的终极目标——幸福。

举个例子，我们总认为今天苦一点、累一点没关系，等将来我买一辆车的时候就好了。可你会发现，当你是这种思维方式的时候，即使你真的买了一辆车，你的快乐也只会维持很短暂的一段时间，之后你便又陷入另外一种焦虑。比如：车需要保养、车需要维修、车发生问题了等,或者你在工作中又碰到了新的苦恼跟困难。这时候,你可能又会想:"没关系,等我买一套更大的房子就好了"或者"未来我提升到一个更高的岗位就好了"。

我们总是牺牲现在,然后把无穷尽的目标寄托在未来。相信我,如果你是这种思维方式,那么即使在未来你的那个目标实现了,你肯定又会为未来确定一个更基于未来的目标,循环往复地把幸福一直停留在未来。

所以,这里说的忙碌并不是褒义词。它很多时候反映了人们生活中一种非常可悲的心理状态。

有很多事情,我们可以创造幸福的感觉,并且可以享受它。比如:花点时间陪陪孩子和父母,不要总想着等赚更多的钱后再来陪孩子,别忘了当你赚了更多的钱的时候,孩子的这个年龄阶段就一去不复返了;不要总想着等我赚更多的钱了就带父母去旅游,当你真的赚了很多钱的时候,也许父母连旅游的能力都没有了。

所以,不要把什么都推到未来,若抱着这样的思维方式,把幸福和目标都推到未来去,那么,未来只会永远在未来,不会回到当下。

小结

虽然人们的目标都是回到幸福主义,但有些人是享乐主义,有些人是忙碌主义。我想再一次提醒大家,不要陷入忙碌主义,因为那会让你陷入一种非常悲观、非常可悲的无限循环中。要记住,我们所有的追求都是回到幸福主义。

39 战胜拖延

> 我要谈一个社会中普遍存在的现象,叫作拖延症。这种现象在大部分人身上都会出现,区别只是有些人的拖延症比较严重,有些人则不那么严重。有拖延症的人都会有这种感觉 —— 自己真正焦虑的事情,拖延并没有帮我们缓解掉,反而因为拖延,很多时候让我们变得越来越焦虑。

举例分析

我曾读过一本书叫《慢思考》。在《慢思考》里有一个话题:人们可以承受高压力,但不能承受持续的低压力。举一个简单的例子以方便大家理解。假设给你七个数字,这七个数字是毫无规律的,要求你把这七个数字记住。但是,你不能把数字记在本子上,只能依靠记忆记在脑子里。然后要求你把数字记一天，直到晚上时说出这七个数字。

因为你要记着七个数字，且这七个数字没有规律，所以你必须过一会儿就回忆一下，否则就会忘掉。这么一件小事情，其实就会影响一个人一天的理解能力和认知能力。

你会发现，当我们内心一直惦记着一件事情的时候，我们就会持续处于低压力的状态，这是对人类大脑最大的摧残。很多时候我们拖延一件事情，即使没有做这件事情，我们的内心也会一直惦记着这件事情，但是又不太想做，所以拖延的人往往能意识到，没有什么比悬在一项未完成的项目中更让人疲惫的了，这种疲惫真的很难受。

可是为什么还会有人拖延呢？最容易拖延的人，往往是那些害怕困难、害怕失败以及害怕被批评的人。

当然，拖延并非全是坏处，之所以拖延会广为存在，是因为拖延有时会给我们带来惊喜。比如：孩子假期作业没有写完，到了快开学的时候，内心非常焦虑。可是学校突然公布，因为台风学校停课两天，相信孩子那一刻的幸福感是爆棚的。这就是拖延有时候带给我们的惊喜。或者有些工作你拖了很久没做，最后别人做了；有个东西你拖了很久想买但一直没有买，后来发现它降价了。

如何改变拖延

因为拖延确实会在很多时候给人们一些意想不到的好处，于是就让我们总抱着侥幸的心理期待一些事情可以发生。但不管怎么说，拖延这件事情，确实在工作和生活中带给了人们很多焦虑，而这份焦虑让我们的大脑难以承受。所以，我想分享两个方法给大家，这两个方法可以帮你有效改变拖延。

● 第一，调整心态，一切的不得不，本质上都是你的某种选择

很多时候我们最不想做的事情，就是我们不得不做的事情。比如不得不起床，不得不写作业，不得不加班，不得不写方案。我们总喜欢说这三个字——"不得不"。而人一旦认为一件事情是自己不得不做的事的时候，他的痛苦就会油然而生，而且会导致做这件事情的动机持续下降。

我想谈一个很重要的点：一切的不得不，本质上都是你的某一种选择。当一个人能在心理层面把这个问题想清楚的时候，就不会被不得不困扰了。

有些人告诉我，他不得不半夜接领导的电话。我问他："不接领导的电话会怎么样？"他说："不接电话领导会责备我。"我接着问："责备完你会怎么样？"他说："领导会对我不信任，对我不会像以前那么重视了。"

所以你会发现，本质上是你选择了想让领导继续信任你，想让领导继续重视你。一旦把问题分析到这个层面，你会发现这件事情不是你不得不做，而是你选择做的事情。

我们都拥有选择权，只是很多时候，我们被"不得不"蒙蔽了。而一旦我们有了不得不的感觉和想法后，拖延症就出来了。

举个例子，很多人都说我不得不早起，不早起的话孩子就没人送去学校。你可以问他："孩子没人送去学校会怎么样呢？"他说："孩子没能送到学校，学习就跟不上了，学习跟不上孩子就会退步。"

本质上你选择了希望孩子的学习不要退步，希望孩子可以变得更优秀，所以你早起给孩子做早餐，早起送孩子上学。一切的不得不背后都基于一个更深层次的选择。

每当你有这种"不得不"的感觉的时候，不妨多问自己一句话：

"我在选择哪一层面的价值？"当你把这件事情想明白的时候，就不会认为是"不得不"的问题，而是"我选择"的原因。

半夜我不得不接领导的电话，你可以换成，半夜我选择接领导的电话，因为我想获得领导的重视，我想保持领导对我的信任。这是你更深层次的选择。

● **第二，与其计划什么时候结束事情，不如标明什么时候开始做事情**

每当我们接了一项任务，都会给自己列计划表。比如，这件事情要在什么时候结束它。我提议，大家要想战胜自己的拖延症，以后列日程表的时候，不要写这件事情要在什么时候结束，而应该标明这件事情要在什么时候开始。

比如，开会的时候不要谈这个项目在什么时候截止，这个方案在什么时候提交。而应该表示，我希望这个方案你们从什么时候就开始写，如果能在约定的时间完成当然是最好的。以列出开始的时间来替代结束的时间，更能有效地解决拖延症。

小结

要想战胜拖延症，我认为心理上的调整甚至比其他工具和方法来得更有效。列日程表不要列结束的时间，可以列出开始的时间，这是一个不错的战胜拖延症的方法。

40 烦躁的反面是洞察力

> "烦躁"这个词语的具体意思是什么?关于人的感受,其实很多时候是很难具体描述的。比如:快乐、开心、忧郁、焦虑等。所以,既然从正面探讨这些词语很难把它们解释清楚,那么不妨回到它们的反面来解释。这是我在看《幸福的方法》这本书的时候获得的体会。

以前我们一直认为幸福的反面是不幸福。我相信,在我说这句话之前很多人都是这么想的。可是《幸福的方法》这本书里面提到了一句话:"幸福的反面不是不幸福,幸福的反面是麻木。"

当我看到这句话的时候我很受触动。因为我认为自己对"幸福"这个词语的理解进入了更深的层面。所以,若我们对一个抽象词语很难从正面去解释的时候,不妨思考一下它的反面是什么。

有人认为,烦躁的反面是轻松,我却有不一样的看法。我看过一个很棒的说法是"烦躁的反面是洞察力"。言下之意，一旦你对自己的烦躁有了一份洞察，你烦躁的事情以及所引起的情绪就会舒缓很多。而这份洞察力就是我想讲的第一个重点。

情绪 ABC 理论

大家听过情绪 ABC 理论吗？"A"表示诱发性事件；"B"表示个体的信念，即对这件事的一些看法、解释；"C"表示自己产生的情绪和行为的结果。

举例分析

人们针对下雨会产生不同的想法。有人看到下雨，会想：太好了，今天可以不用出门了，我能够在家里好好地睡一觉。紧接着他会感到开心。

而另一个人看到下雨，产生的想法是：真倒霉，难得有一个周末却下雨，又不能出去逛街了。然后他会感到不开心。

每当下雨天我们不开心时，总会认为是下雨导致我们心情不好，会认为是诱发性事件导致自己产生了坏情绪。可是，当你有了一份洞察，你会发现诱发性事件不是自己产生坏情绪的唯一原因，甚至不是坏情绪产生的直接原因。

有一个说法是"其实世界上不存在压力源，也不存在烦躁源"。不是事实让我们有压力，也不是事实让我们烦躁，而是我们对事实的想法让我们烦躁。

若我们理解"A"跟"C"的中间有一个"B",以及产生的"B"跟人们的个人想法和信念有着极大的关联,那么就代表我们对烦躁有了一份洞察。

过去人们一直认为"A"就是诱发性事件,也就是是压力源,但事实上并不存在压力源。因为同样的一个"A"会导致不同的人产生不同的情绪,这代表这种因果关系不是唯一的,但是"B",也就是个人产生的想法与产生的情绪"C"的因果关系却是唯一的。

那么为什么同样一件事情,人们会产生不同的"B"呢?其实,一个"A"之所以会导致有不同的"B",这取决于人内心的信念。

说到信念,我们经常会提到一个词叫"应该"。比如:今天不应该下雨,今天不应该堵车。一旦你认为今天不应该发生的事情发生了,那么你就会因此而情绪不好。举个例子,你认为今天不应该堵车,但是发生了堵车,你就会因此心情不佳;你认为他不应该骂你,而事实上他骂你了,你同样会心情不佳。由此产生的就是压力、烦躁和烦恼。

通过上文的讲解,我们知道:"A"并不是导致"C"的理由和原因,而是"B"导致了"C"。一个人如果有太多的"应该",那么他每天会活得很辛苦。

孔子说过:"吾十有五而志于学,三十而立,四十而不惑,五十而知天命,六十而耳顺,七十而从心所欲,不逾矩。""六十而耳顺"的意思是一个人活到了六十岁,无论好话与坏话都能听顺耳。

人到了六十岁会少掉很多"应该"的想法。一个人的"应该"变得越少,他的包容度就越强。他对于好话与坏话都能听得进去,对于不同的现象也能看得进去,这样就对很多事情有了更多的包容。

这就是为什么一个人年龄越大，他的情绪往往会越稳定，一个人经历得越多，他暴跳如雷的情况就越少。原因是他内心的那个"应该"越来越少了。

小结

烦躁的反面不是不烦躁。因为，不烦躁只是个结果，烦躁的反面是"洞察力"。在这里洞察力分为两部分：第一，认清楚烦躁的来源；第二，不要被信念中的"应该"困住。若你具备了这份洞察力，很多时候你产生的烦躁心情就会自然而然地下降一大半。

希望上述的内容能给大家带来启发，在生活中大家不妨运用一下这份洞察力，觉察一下自己，让自己少些烦恼。

41 贫穷心态

> 说到贫穷，人们首先想到的就是缺钱。所以每当提到资助贫穷的人时，人们的第一想法就是给钱，认为有了初始的资本，贫穷的人想要翻身就变得更有可能了。
>
> 经济学家针对这件事情有两种不同的看法：有人认为应该资助，只要给贫穷的人初始的资本他们就能翻身；有人认为不应该资助，因为钱并不是导致一个人贫穷的最主要原因。

有一本书叫《贫穷的本质》，作者是两位经济学家，他们访问了五大洲十八个国家，采访了很多贫穷的人，最后得出了一个结论：贫穷并不是因为钱的问题。一味地资助贫穷的人，给钱、给吃的、给穿的、给他们免费的东西，很多时候并不会改善一个人贫穷的现状。

两位经济学家在调研的过程中发现，我们总认为贫穷的人是没有东西吃的，可是事实并非如此。有些贫穷的人家里面也会有很多电器，甚至连一些不太必要的电器也会有。比如：DVD播放器、电视机，这些并不是必需的电器。在很多贫穷的地方，人们也都是大比例地拥有这些东西，这就代表他们并不会没有钱买吃的。

经济学家在调研中还发现，很多时候，我们认为贫穷的人没钱看病，事实上有些贫穷的人只是不把钱花在看病这件事情上，但是他们会花很多钱在迷信上，并认为比起去医院看病，做这些迷信的事情可以更有效地治疗他们的疾病。

越贫穷、越落后的地方，越会发生这种事情。若他们把花在迷信上的钱拿去看病，其实是可以维持一个正常家庭在医疗上的支出的。

甚至很多时候，这些贫困地方的人，会让孩子辍学。不让孩子读书的原因往往是没钱，而没钱的原因可能是家里有亲人过世了，需要办一场葬礼。但是事实上，这样的葬礼其实没有必要办得那么大场面。可是在贫困的地方，人们会认为不办这么大场面，面子上挂不住。因此，他们宁可让孩子辍学，也要办好一场葬礼。

在书中，两位经济学家描述了一件事情。有一种人，早上向别人借钱，然后去进货卖水果，到了傍晚水果都卖完了，钱也赚到了，他们会连本带利把今天早上向别人借的钱还给人家。然后，用自己今天获得的微薄收入买一些不是必需的用品，甚至有些人会用这笔钱去赌博。

试想一下，如果他们扣除自己的吃穿用度，每天都把微薄的利润攒下来，那么他们只需要攒一段时间，就能攒够每天买水果的本钱。言下之意，以后这些人就不需要每天早上向别人借钱了。可是这些人却宁愿向别人借钱，然后连本带利，利息很高地还钱，也不愿意把收入积攒下来。甚至他们会花光每天的收入，第二天再去向别人借钱。我认为这不是能力的问题，也不是缺钱的问题，而是心态的问题。产生这种现象的原因更多的是贫穷的心态以及贫穷的思维。

贫穷的本质

《贫穷的本质》的作者在写完这本书后，总结了几点贫穷的人的本质，我认为人们或多或少都会存在这样的问题，只是程度不同罢了。

● 第一，贫穷的人，对认知以外的事情几乎没有探寻的欲望

他们会认为世界的边界就是自己看到的样子，外界的事情我不知道，也没有更大的欲望去了解。所以，这些人会禁锢在自己的认知范围内。而且并不认为外界的事情很重要。

● 第二，贫穷的人，不爱动脑筋去做长远的规划

他们更关注眼前的利益。比如：若孩子能找到一份零工，他宁可让自己的孩子去打工，也不让孩子接受教育。其实，他们是有钱让孩子接受教育的，但更愿意让孩子去打工。因为这样的话每天都能看到钱。所以说，他们更在乎的是眼前利益。

● 第三，贫穷的人，对世界存在偏见，会导致很多恶性循环

有很多保险公司不敢对贫穷的人开放更多的保险。《贫穷的本质》里面提到，印度有一家保险公司为一个贫穷的地区开放了一种保险——如果你的牛死了，我们给你赔保险。保险公司最初定的是，如果拿着牛的耳朵过来，则代表你的牛死了，那么我们就可以给你赔保险。可是之后在那个贫穷的地方，开始出现了贩卖牛耳朵的生意，有很多人买了牛耳朵去骗保。

这些人对世界存在偏见，又不愿意认错，甚至认为自己这样做是正确的——因为我没钱，我想要更多的钱，这个方式可以让我拿到更

多的钱，于是我就用这个方式获得钱财。

小结

总结三点，我认为每一点我们都可以回到自己的身上对照一下。第一，对认知以外的事情，没有探寻的欲望；第二，不爱做长远的规划；第三，对世界存在偏见。

我在本书的开篇讲到了 VUCA 时代，当时说了一句话："人们要越来越有开放的心态以及容错的姿态。"拥有越来越开放的心态和容错的姿态后，你就越来越能把自己解放出去。所以，贫穷并不可怕，可怕的是我们背后的贫穷心态和思维。

42 错误管理

> 与其追求零错误，不如及时对发现的错误进行纠正。这往往能在无意中扩大你的影响力。

有学者发现，如果以建设性的方法对待人生中的挫折和痛苦，人们往往会拥有乐观健康的心态，而不是悲观消极的心态。因此很多人就想，这种方式能不能用到工作中呢？如果我们积极管理错误或者失败，是否可以有效提升自己的能力，进而惠及公司？

事实证明，这个想法是可以做到的。但要做到这一点，有一个很重要的前提条件，就是必须以建设性的方法对待过往发生的错误。

如果你能做到这个前提，就可以发现，错误不仅可以帮助你在未来做得更好，而且能够潜移默化地提升你某一方面的影响力。

在企业管理培训中，有一个专门的主题叫作错误管理，即如何对错误进行管理。虽然这个主题表面上看起来有点背离传统的要规避错误的学习方式，但很多时候，如果我们并不投入大部分的精力去规避错误，而是发现错误，并且投入有效的资源及时改正错误，最后的效果往往要比规避错误好很多。

所以，在错误管理培训中，有两个必备的要素。第一，督促学员积极地投入到要学习的内容中去，让其主动摸索，这样做的用意就是让他们能够犯错。但是培训者需让他们知道错误可能出现在什么地方，将以怎样的方式发生。第二，在错误管理培训中，培训师要指导学员如何用最好的方式面对错误。至少让他们知道一旦错误出现了，哪种心态是最好的。

有一句话我认为很有道理："犯错是很自然的，这是学习过程中的一部分。"犯的错越多，学的东西就会越多，错误会告诉你还有哪些东西是要学习的。

有一些很有创新精神的公司往往会说，"为了尽早成功，请你多犯点错。"我们很有必要把错误看作学习的机会，并带着积极的心态调整自身，这样会在工作方面给我们很大的帮助。所以，我建议大家不要扮演到处纠错的猎人，而要让自己变成一个善于利用错误的"机会主义者"。因为善于利用错误的"机会主义者"，往往会从每一个无心之过中学到知识，并且为未来想出更棒的方法。

大家知道无缝顾客体验计划吗？我们可以把它理解成让顾客体验完美的服务。对于酒店来说，让顾客体验完美的服务是一定要争取的。酒店尽可能让每一位顾客体验到无任何瑕疵、无任何漏洞的服务，把客户服务做到完美，做到无缝对接。

一本销售杂志上刊登了一篇文章，这篇文章的大概意思是，一家全球连锁酒店的首席执行官，在看过耗费巨资的无缝顾客体验计划报告后大吃一惊，因为报告显示，对酒店的满意度和忠诚度最高的顾客，并不是享受到完美服务的客人，而是那些遇到服务问题后，问题被酒店员工及时解决的客人。

产生这种情况的原因可能是：当这家酒店高效及时地改正错误时，顾客就会对酒店更放心。顾客会认为今天我碰到问题，你能够高效及时地解决，那么以后我碰到问题，你依然可以高效及时地解决。因此顾客会对酒店产生更大的信任，对酒店有更积极正面的印象。

有个具体的例子是：一位客人带着孩子来酒店娱乐场所打网球。但是酒店里仅有的两个儿童球拍都被用了。于是经理立刻派了一个员工，到附近的商店里买了一副新的球拍，20分钟后送到了客人的手上。事后这位客人找到经理对他说："你们的所作所为让我特别感动。球拍都被用了，而你们立马又去买了一副，所以我决定国庆假期的住处还是安排在这里。"

你会发现一件很有趣的现象，如果酒店本就准备了很多球拍供客人取用，虽能给客人带来完美体验，但是客人往往并不会对酒店有这种正面积极的印象。而客人想用球拍时却没有，但是酒店及时解决了客人的问题，反而给客人留下了更好的印象。

小结

如果把资源完全用于追求不出错的乌托邦式的目标上，工作的效率往往会下降，成本也会变得更高。我们不如把资源用于迅速解决问题、纠正错误上。将纠正错误，变成一次完美的体验，从而获得更好的反馈、得到满意的结果。在商业活动中，零错误反倒不如及时改正错误来得更好。

希望上述理念可以让大家改变观点，不要特别执着于做事完美和不出错。我们可以投入更多的资源跟精力去解决每一个当下发现的错误，并迅速解决错误。这样的话，远比你处在不犯错误的焦虑中来得轻松些。

43 微习惯

> 本篇我们来谈一谈"微习惯"。微习惯很重要,甚至我认为微习惯很可能改变一个人以后的生活。之所以这么说,是因为我从中得到了巨大的启发,而且微习惯真的给我带来了很大的好处。

微习惯就是让习惯变微。这个话题听起来好像并没有那么高深,但是仔细分析,大家一定会从中获得启发。

每个人都想养成好习惯。我们都清楚,成功人士的背后,一定有某些好习惯在支撑着他。因此,我们想培养自己养成好习惯让自己变得更好,但遗憾的是,大部分人都体验到了半途而废。

目标过高往往半途而废

生活中,我们总会定一些目标,比如:每天做 20 个俯卧撑、每天健身半小时、每天看书 30 页等。这样的计划能让自己心潮澎湃，但事实上，却总会以失败而告终。原因是，我们总用"动机"和"意志力"来促使自己养成习惯。

● 动机策略

有人健身时会喜欢看一些身材特别棒的健美教练的相片，来给自己健身带来一些动力，这叫作动力策略或者动机策略。可是动力往往只是一个念头，很容易因为心情而有所改变。

● 意志力策略

人们总是太相信自己的意志力了，总认为既然自己定下了目标，那么自己一定每天都可以用强大的意志力去执行它。可是使用意志力策略往往会失败，原因是影响意志力的因素会有很多，甚至跟你的血糖浓度都有关系。我还用健身来说明，若你今天吃得不太饱，比较饿，你健身的意志力就不会像你想象的那么强。

微习惯

微习惯用简单的一句话来解释就是"把每一个习惯都缩小到你自己都鄙视自己的程度"。比如，给自己定每天做一个俯卧撑、每天看一页书、每天只写 50 个字的目标。这样的目标，是不是连你自己都会很鄙视自己？当目标小到不能再小的时候，你就会发现大脑不再给你找更多理由了。

很多时候人们定的目标，大脑会找很多理由拒绝掉。因为做这件事情会让大脑的启动成本很高。所以，你的大脑会告诉你："明天再做吧,今天比较累。""偶尔两天没做,也不会有事情的。"可是,当你的目标定得特别小,小到连自己都鄙视自己的时候,你的大脑就不会拒绝这个目标了。

怎样养成微习惯

给自己定一个小目标的背后有两个细节,我想和大家分享一下。

● **第一,定的小目标即使自己处于极端情况也要完成**

若每天一个俯卧撑是我的目标,那么今天无论我多么疲惫,哪怕今天我喝酒了,躺在床上醉醺醺地准备睡觉了,可是,我突然想起来今天的目标没有实现,我就要立马转过身趴在床上做一个俯卧撑。因为定的这个目标很容易实现,所以即使是处于极端的情况下,我都要把目标实现。但是如果我今天状态比较好,趴在地上做了一个俯卧撑之后,认为反正姿势都摆了再做几个也可以,于是就又做了几个俯卧撑,超额完成任务。

很多时候我们很难养成一个习惯,是因为我们很难开始。若给自己定比较高的目标,比如做一百个俯卧撑,也许会让我们心生怯意,连开始的动力都没有。可是如果给自己定很低的目标,只做一个俯卧撑,那就很容易开始。我们可以在状态好的时候,选择超额完成目标。在状态不好的时候,依然把最低的目标给实现了。

微习惯的背后有一个很重要的诀窍,就是让你的大脑不会对你想做的事情产生强大的抵抗力,给你找很多理由,说服你今天不做这件事情。

● **第二，不要轻易调高自己的目标**

有些人今天的目标是一个俯卧撑，明天变为十个，后天变为二十个。建议大家不要轻易调高自己的目标，你甚至可以永远把目标定为最低的，因为你不知道自己什么时候状态不好，而停止自己后来越来越高的目标。维持好自己之前定的小目标，只要你状态好，你依然可以超额完成目标。

小 结

大家不妨给自己定一个小目标，从最小最小的目标开始，并且坚持完成它，不要半途而废。状态好，就超额完成你的目标；状态不好，也要保证完成这个小目标。

44 9月效应

> 我想跟大家聊一个词语叫"9月效应"。在中国叫作9月效应,但在国外不一定叫9月效应。这取决于当地的教育制度或者教育周期。

9月效应

在解释9月效应前,我想先请大家想一个问题:一般几月份出生的孩子在小学当班干部的概率会更大一些?

生活中,有很多人会有一种焦虑,这个焦虑往往出现在那些孩子准备上小学的父母身上。举个例子,按照中国的教育制度,每年9月份开学,孩子满7周岁才能上小学。假设孩子出生在10月份或者11月份,他们的父母就会很焦虑,认为自己的孩子赶不上今年上学,到了明年,自己的孩子就会比其他孩子大一些。

这些父母总认为自己的孩子输在了起跑线上。于是有很多家长找关系、托人情，想让孩子能在还差两三个月满7周岁的情况下入学。下面我来说说我的想法，听完我的分析，希望父母可以缓解这个焦虑，甚至应该开心你们的孩子是在9月之后出生。

有一个统计，在中国，年初几个月和年末几个月这个阶段出生的孩子在学校里当学生干部的比例特别高，原因是，孩子虽然晚一年上学，但是相较那些正常年龄上学的孩子会更成熟。

晚一年上学的孩子，比正常年龄上学的同学大了几个月。比如，一个出生在8月份的孩子，他满7周岁后，到9月份就能立马入学。可是，一个出生在1月份的孩子，满7周岁后，却要再过8个月才能上学。相当于1月份出生的孩子，比8月份出生的孩子大半岁多。

对一个小孩子来说，年龄差半岁其实成熟度会差很多，所以相对来说，那些7岁半才入学的孩子会比其他孩子更懂事。他们更容易理解老师说的话、教的东西。甚至这些孩子在学校里会起带头作用，所以更容易被老师重视。

而且，老师需要照看很多孩子，孩子还小都很不懂事。如果有一个孩子稍微懂事些，那么老师就很容易安排他当学生干部，也会更喜欢他一些，所以这样的孩子从小就会得到老师更多的关爱。因为比其他孩子大半岁，在学习当中，他们也会比其他的孩子理解得更好。

国外足球队，1月份招学员，满7周岁的孩子才能进入足球队。有些孩子是在2月份出生的，所以只能第二年的1月份才能报名。这些孩子到了第二年的1月份，虽然还是7周岁，但实际上只差一个月就满8周岁了。但是这些孩子在足球队里的表现会很出彩。无论从身体上，还是对老师战术的理解上，年纪比较大的孩子更占优势。所以，如果有足球队招学员是以 1 月份为截止月份的话，那么踢得最好的或者从小就能进入少年队的孩子，往往是那些二三月份出生的孩子。因为他们的体力、智力，通常都会比那些刚满 7 周岁就加入足球队的孩子好。

小结

我希望身为家长的你，不要太为你的孩子没到年龄上学而感到焦虑，不妨顺其自然。最开始的优势，往往在后面也会获得更多的优势，特别是孩子从小就能建立信心，老师跟同学对他都赞赏有加、他的学习也能跟得上的时候，这对他将来的发展会有极大的好处。

家长不要为了不让孩子输在起跑线上，而经常逼孩子去做很多超过他年龄以及超过他的理解范围的事情，这会让他从小受挫，不利于未来的发展。

给有这种焦虑的父母一个建议：很多时候多改变自己，不要总是寄期望于孩子有更大的改变。

45 刻意练习

> 有一本书叫作《刻意练习》,书里的内容,让我对"练习"这个词语的认识有了很大的改变。

不知大家是否听过"1万个小时"这个说法,简单地解释就是,对一件事情练习1万个小时后,你就会成为这个领域的专家,但是《刻意练习》这本书告诉我们,如果你不思考、不用心,纯粹是为了练习而练习,那么即使你练了1万个小时,也顶多只能成为这个领域的熟练工,依然成为不了专家。

真正的大师不是"天真"地练习,而是"刻意"地练习。天真地练习就是,总认为把事情做得越久,就能做得越好。

大家可以想一下,从小到大,我们每天都在说话,但并不见得一个人年龄越大,他的语言表达能力就越强。一个七八十岁的人,他的说话练习时间远远超过1万个小时,可是表达能力不见得有多强。而有些年纪轻轻的人,表达就很有逻辑,主次分明,言语很吸引人。

所以从说话和表达这件事情，就足以证明如果我们只是没有头绪地进行天真练习而不做刻意练习，那么在一件事情上我们顶多只能成为熟练工，永远成为不了专家。

刻意练习

看完《刻意练习》这本书后，我把刻意练习总结成一个公式：
大量的套路 + 有意为之 + 及时反馈 = 刻意练习
下面我来解释一下这个公式中的三要素。

● **大量的套路**

现在很多人把套路这个词归为贬义词。比如我们说：这个人套路太深了。我想你一定不会认为这是句表扬人的话，你会认为这是在抨击一个人。但是我想要告诉大家，高手永远在学习套路，只有新手总想寻找捷径。

一个人要想成为一名象棋大师，就一定要熟读棋谱，甚至要熟背棋谱。在这里棋谱就被视为套路。别人下棋，你怎样见招拆招；别人会走哪一步，你用什么方式去考虑。高手们总结出来的最有效的应对方式，就叫作套路。这个世界上不存在所谓的捷径，所有的高手无外乎都是把最基本的套路或者把最基本的技能练到了炉火纯青的地步。

在《刻意练习》这本书里有一个词叫作"心理表征"。心理表征换成我们能理解的词语就叫作套路。多从别人那里学习一些套路，并且长时间刻意练习这些套路，让这些套路成为你的心理表征。这样，当你遇到一些情况时，你的第一反应就知道要用什么方式去应对，因为这些套路你已经练过无数次了。

● **有意为之**

每天练习并不是随便练习，而是有意为之。例如，每天或者每周都给自己制定小目标，定好要实现的小目标有哪些。这样，比如我的目标是用一小时把这首曲子弹好，那么就不是纯粹只为了弹一小时琴。所以，有意为之的意思就是，每一次的练习都要有目标，而且要有目的地去做。

● **及时反馈**

在你练习时，你的身边要有观众或是教练，他的能力不一定要比你强，但要能反馈问题，这就是及时反馈。例如，游泳教练的游泳水平并不见得比运动员水平高，但教练发挥的最主要作用是及时地反馈运动员的问题。他就像一面镜子，告诉运动员哪个地方做得好，哪个地方做得不好。甚至有时教练说不出运动员做得好与不好，但是会告知运动员不曾注意到的小细节。

小结

"大量的套路 + 有意为之 + 及时反馈 = 刻意练习"，要不断学习、摸索、总结。

我曾在线下表达课中，帮学员总结了很多套路。我并没有教大家如何表达好，也没有教大家如何把话语说得更华丽。但是，我教给大家的是，面对这种场景，你要用哪种套路。用这个套路，或许你得不到满分，但至少能够得到 80 分，这就是套路的魅力。

希望大家未来多做一些刻意练习，而不要无目的地做天真练习。

46 心想事成

> "在人们新年的美好祝福语当中,往往少不了一个词:心想事成。可是,在你发出这个祝福的时候,你心中的相信有几分?"心想"与"事成"之间的关系到底有多大?我尝试用唯物的思维,帮你拆解一下这个看似唯心的词语。

心想事成,可以拆分成三个词:想法,证据,结果。

心想,生起一个念头,或是始终坚持一个念头,即想法。

事成,最后产生的结果,即结果。

这两者中间的鸿沟,就是不断填充了的,基于某种想法而累积的证据。

人们很容易无意识地成为自己想法的捍卫者,这与想法的正确与否没有太大关系。因为大脑的惯性就是相信自己,并且坚持证明自己是对的。

试想一下，生活中有没有一种可能：

你觉得自己方向感不好（想法），这种想法有可能来自于一次别人无意间对你的评价。

于是一旦走错路，你就在心理默默地强调了一下——我的方向感果然不好（证据1）。你和同事到地下车库找车，他很快找到，你花了很久才找到，此刻，你在心里又强化了一遍——我的方向感确实不好（证据2）。

紧接着，你开始特别依赖导航，生怕自己走错路，随着你对导航的依赖度越来越高，你主动认路的意识就变得更加薄弱，慢慢地，你真的成为一位方向感不好的人（结果）。

想法—证据—结果，这样的验证链条就成立了。

其实上面这两次走错路的经历，如果放在其他人身上，很可能就直接被忽略了，但你的内心却对这两次经历十分在意，因为这些经历刚好验证了你最初的想法，也就是我的方向感不好。你越关注，这个想法就越被放大，最后，变成生活中的现实。

关注就会被放大，放大就会变成现实，这就是"关注即是事实"的基本逻辑。

举例分析

销售员小 A，刚刚被分配到某个新片区，他激情满满地开始了一天的工作。

他来到了写字楼 A 座 19 楼，敲开了办公室的门，向对接人做了自我介绍，并准备介绍公司产品。

"我是××公司的客户经理，我叫……"

还没等他说完，对方就很不耐烦地回绝："你们公司真的是够烦的，每个月都来两回，都说了我们暂时不需要，这样吧，你把材料放这吧，有需要的话，我再联系你。"

小 A 对客户的这番表现并不吃惊，在他丰富的"扫楼"（销售中对陌生拜访的一种简称）经历中，这种情况也时常发生。

小 A 紧接着说："您看能否有两分钟的时间，我将最新的情况向您汇报一下……"

"不用了，不用了，你先放这吧，我还有些事情要处理。"小 A 再一次被打断了。

从 19 楼出来后，小 A 整理了一下情绪，从 19 楼来到 18 楼，这是今天他要拜访的第二家公司。

到了 18 楼，他依然习惯性地开始自我介绍："我是××公司的客户经理，我叫……"

"你们公司啊，真是厉害，每个月都能来两回，其实我们目前没有需要，上次我就说过了。但我真是挺佩服你们的人，有时候，我在想，如果我们公司的销售人员都能像你们公司一样，我睡觉都能笑出来……"对接人半开玩笑地说着。

小 A 整理了一下情绪，开始介绍公司的产品，对面的人也有一搭没一搭地应着，最后小 A 留下了资料。

请问，从 18 楼下来后，小 A 回看一下 19 楼和 18 楼，此刻他的内心可能在想什么？

小 A 会想："19 楼估计是没什么希望了，18 楼应该有机会。"

如果小 A 心中升起了这个念头，那请问，假设接下来小 A 还有 10 次机会来到这座写字楼，他会分配更多的时间给 18 还是 19 楼？

显然，他会给自己足够的理由多去 18 楼，而且，因为他去得多，关系深化得快，让他更进一步地认为 18 楼志在必得（不断累积的证据）。

一年后，小 A 果然和 18 楼的公司签下合同。

一个正向的念头，会促使好的行为发生，多关注事情好的一面，进而形成正反馈，久而久之，好的结果就会随之产生。

那如果最初产生的念头是负面的，那会如何呢？

假设我是一个商务人士，我想为自己买套衣服，于是走进了一家男装店。

我进入服装店后，服务员说："先生，有什么我可以为您服务的吗？"

我说："不需要，我想自己转一转。"

服务员依然很热情地说："先生我还是给您介绍一下吧。"

我有点不耐烦了，恰好这时有一个紧急的任务需要我处理。于是我态度不好地说："不用了，我自己看一看。"

因为我是以很不耐烦的语气说出这句话的，因此服务员只能尴尬地站在旁边看着我。

我在这家店里逛了 20 多分钟，逛来逛去始终没有拿起一件衣服来看，只是不断地发消息。请问此时此刻，服务员站在旁边看到我的行为，他的内心会有什么想法。我想此时此刻服务员的内心一定会想：

这位先生肯定不是来买衣服的，可能是约了谁见面，但是约的人还没来，于是就进到店里消磨时间。

人们往往会有一个习惯，会不断地为自己的想法找证据。

我在这间店里逛了很久，突然走出去在门口打了电话，之后又走回了服装店。这时服务员在看到我的一系列动作后，会加深他的想法：这位先生果然是在等人，不是来买衣服的。出去打电话，是联系对方但是还没有到，他才又进来了。他会把我的这个行为变成符合他想法的某一个证据。所以，当我再一次走进服装店的时候，服务员对我的态度就不像第一次那么热情了。

我又在店里面逛了 20 分钟，同样没有看衣服，一直在看手机。大家应该能想到，服务员基于之前的想法，他已经相当不耐烦了。

我终于忙完手上的任务，准备为自己挑选衣服，我拿起了一件衣服问服务员："这件衣服多少钱？"大家认为这时服务员会很热情地回答我吗？不会的。服务员只是冷淡地回了我一句："这件衣服比较贵。"

听完这句话的我一定不会开心，于是我用不满的语气说道："比较贵是多少钱？"没想到服务员回了一句："我们的衣服价格都在口袋里面，你自己看一下。"听完这句话的我相当不高兴，于是我又说了一句："你们这衣服到底卖还是不卖？"服务员听出我的不满，于是慢悠悠地走过来说："卖啊，这件衣服 888 元。"

请问，经过以上三问三答，我买这件衣服的概率高吗？答案可想而知。于是我把衣服挂在衣架上，转身就走了。试想一下，服务员看着我远去的背影，他会怎样想？他会不会为自己刚刚不周到的服务感到内疚？其实不会的，大部分情况下他只会为自己的判断沾沾自喜。他会想：果然没错，从我第一眼看到他，我就知道这位先生不是来买衣服的。

试想一下，如果最初服务员看到我一直在发信息而不是看衣服，此刻他冒出的想法不是"这先生肯定不是来买衣服的"，而是"这么忙的商务人士，没时间老逛街，买衣服一般不是单件买，往往都是成批地买，我等他忙完再好好服务他，说不定是个大客户"。那么第二个念头的升起，有没有可能会改变这件事情的走向？

通过前面的例子，你会发现"心想事成"实现了。你的心中冒出了一个想法，于是你不断地为这个想法找了很多证据，连别人很正常的行为，都会被你关联到你的想法上，而你做出的一切行动，往往会让你最初的想法变成了结果。很多时候，人内心冒出的想法会改变整个事情的走向。

还有一个唯美的故事，我们都听过，称为皮格马利翁效应。

皮格马利翁（Pygmalion）是希腊神话中的一个雕塑家，他对美的追求使他创造出了一个美丽、完美的雕像。他如此迷恋这个雕像，以至于他开始把它当作一个真正的女人，他给她起了个名字叫作加拉特亚（Galatea）。他祈祷女神让他的雕像变成真实的女人，经过一段时间的祷告，女神终于被他的诚意打动，让加拉特亚变成了真正的女人。皮格马利翁的心愿得以实现，他最初的想象成为了现实。

当然神话总是正向的、美好的，所以我并不确定这个神话能打动你。

我反而更希望你理解我前面讲述的那个"负向"的案例，它向你证明了一个逻辑：不好的念头更容易导致差的结果。

小结

大家可以反思一下自己身边的很多事情，最终的结果是否和你最初的念头息息相关。希望大家面对每一件事情时，内心都能够不由自主地冒出一个更正面，更积极的想法。因为这个更正面，更积极的想法，会对未来的结果起到正向的、至关重要的作用。

47 管理时间的方法"GTO"

> 分享给大家一个管理时间的方法,叫作"GTO"。GTO 的意思就是"把需要做的事情做好"。我之所以想讲这个方法,是因为在当下这个时代,GTO 会变得越来越重要,但是人们普遍没有做好它。GTO 的核心理念就是清空你的大脑,然后一步步按照设定的路线去努力执行。

在前文我讲拖延问题的时候,分享过一本书叫《慢思考》,书中告诉我们,人可以承受高压力,但是承受不了持续的低压力。

在古代,人们会上山打猎,山上有很多大型猛兽,打猎过程非常凶险,能否回得来都不知道。所以,以打猎为生的人每天都过着有今天没明天的生活,总为会被猛兽吃掉而提心吊胆。他们出门打猎,压力会特别大,而一回到家,压力就减轻了。人们可以承受高压力,但是一定要有一段无压力的放松时期。

人的大脑可以承受从高压力到放松,再从放松到高压力这种松弛有度的节奏。但是，大脑却很难承受持续的低压力。我们可以把持续的低压力理解为大脑里面一直有人在念叨一些事情。

实验分析

我给大家分享一个实验，这个实验我在前文也提过。让一个人记七个数字，这七个数字毫无逻辑关系。他只能用眼看，用大脑把数字记住，不能记在手机或是本子上。早上看完之后，晚上提问他数字是多少。

记住七个数字，这件事情很容易，但是若不能写下来，只能记在脑子里，这件看起来很容易的事情就会影响一个人一天的认知能力和理解能力。因为他需要每过一段时间就回想一下数字。这就意味着此人从早到晚都要一直惦记一件未完成的事情，而这会让他处于持续的低压力中。

GTD告诉我们，要把没有做完的事情记录下来，让大脑清空。让大脑专心做事情，而不是让大脑专心记事情；让大脑用于思考，不要用来记忆。把一切记忆性的东西交给相应的工具。

GTD的具体做法

GTD的具体做法可以分为：收集、整理、组织、回顾与执行五个步骤。

- 收集

收集就是把你目前未做，或者待完成的事情全部列出来，这样做的目的是让大脑清空，让大脑不再惦记这些事情。你可以把这些事情都写在纸上，这样大脑就被清空了。

- 整理

接下来就是把这些事情归类，按轻重缓急整理。哪些事情今天做，哪些事情明天做，哪件事情难度大，哪件事情难度小，都整理好。

- 组织

组织就是确定当下的状态自己最适合做什么事情。

- 回顾

回顾就是看一看自己整理的这些事情，是否还有什么遗漏。

- 执行

一切未做的或者待完成的事情，理清楚后就可以执行了。

让你的大脑用来思考，用来专注做目前的事情，而不用天天分心惦记着待办事情。

现在很多人的微信都是永远在线的。经常会发生你正专心地工作，手机一响你就立马去看微信的情况，你的大脑在专心做当下事情的时候，还要分心于其他事情，这其实也是对大脑的一种摧残。

所以，大家要学会离线思考。例如，接下来半小时我不看手机；接下来 40 分钟我不看邮件。我专注于正在做的事情，脑子里也不去想我还有什么事情没做。这些待办的事项,全部用GTD方法整理出来。

小结

现在的工作方式,让很多人工作时不能清空大脑,大脑总处于持续的低压力状态,这是对大脑的一种摧残。

我希望上述内容能对大家的生活有所帮助,另外我推荐大家可以阅读《慢思考》这本书,有兴趣的朋友不妨去了解一下。

48 卡瑞尔公式

> 卡瑞尔公式也叫"卡瑞尔万灵公式",听起来有点夸张,但其实意思很简单。卡瑞尔公式的意思就是,唯有强迫自己面对最坏的情况,在精神上先接受它,才能让我们集中注意力解决问题。

很多时候,我们没办法集中注意力解决问题,是因为我们把很多精力花费在了焦虑那个最坏的情况上。可是,如果在最初你就把最坏的情况想到,并且在精神上接受了这个最坏的情况,那么接下来你就没有什么好焦虑的了。之后你能做的事情,就是集中注意力,让这个最坏的情况变得更好一点。

卡瑞尔公式的起源

卡瑞尔公式源于一个叫威利·卡瑞尔的人。威利·卡瑞尔是纽约水牛钢铁公司的一名工程师。有一次,卡瑞尔负责去密苏里州安装一台瓦斯清洁机。可在他把这台机器安装好后,机器却只能勉强使用,远远没有达到公司所要求的质量水平。

卡瑞尔对自己这次的失败感到十分沮丧,他为解决不了这件事情而特别焦虑,甚至连续好几天无法入睡。后来,他意识到焦虑是解决不了问题的。于是,他想出了一个不用烦恼就可以解决问题的办法。这个办法后来就叫作卡瑞尔公式。

卡瑞尔公式的三个步骤

● 第一步,找出可能发生的最坏情况

机器没有安装好,可能发生的最坏情况,充其量不过是丢掉这份工作,或者被辞退。然后老板把整个机器拆掉重新装,使已投入的2万元泡汤。

● 第二步,让自己能够接受这个最坏的情况

卡瑞尔对自己说,我也许会因此丢掉这份工作,但是我可以另外找一份工作。至于我的老板,他可能会把机器拆掉,也就是这2万元的投资费用被浪费,但2万元至少可以算是一种研究费用。因为我没有做好这件事情,老板拆掉机器也许会因此找到新的办法,这算是一笔学费。

● 第三步,当有了能够接受最坏的情况的思想准备后,就平静地把时间和精力用来试着改善最坏的情况

最后,卡瑞尔经过多次试验,终于发现,如果再多花5000元加

装一些设备，问题就可以得到解决。

卡瑞尔公式的三个步骤是：问自己最坏的情况是什么；接受这个最坏的情况；镇定，想办法来改善这个最坏的情况。用一句话来概括就是，接受最坏的往往你就可能追求最好的。

举例分析

心理医生汉斯有一个朋友叫亨利。亨利常年抑郁，并且得了严重的胃溃疡，他每天都很痛苦，而且只能吃一些流质的食物。每天早晚护士都需要把橡皮管插到亨利的胃里，清理出他这一天吃的东西。

医生告诉亨利，这个病几乎没有什么逆转的空间了。亨利很痛苦，于是他找到了汉斯。汉斯给了亨利一个建议："既然医生说你这个病没救了，那么最坏的情况就是死亡，你不是一直想去环游世界吗？那不如趁现在去实现这个愿望吧。"

亨利听了汉斯的建议后，认为很有道理。之后亨利就开始了他的环球旅行。

神奇的是,亨利在旅行过程中发现自己的身体越来越好了,渐渐地,药都可以不吃了，而且也不用再洗胃了。几个星期后，他甚至可以开始喝点酒。当整个旅游结束了后,亨利的胃溃疡竟奇迹般地不治而愈了。

当一个人在内心接受了自己最坏的情况的时候，他往往能爆发很大的潜力。

在国外，曾经因为一则征兵广告，使很多年轻人都踊跃报了名。因为那一年的征兵广告很有趣。

这个征兵广告的大致内容是：当兵其实并不可怕，应征入伍后，你无外乎面临两种可能，有战争和没有战争。如果没有战争，那当兵有什么可怕的呢？如果有战争，你又有两种可能，上前线或者不上前线。如果不上前线，那就没什么可怕的了。如果上前线，有可能受伤，也有可能不受伤。如果不受伤，那也没什么可怕的。如果受伤了，就会有轻伤和重伤两种情况。如果是轻伤就没有什么可怕的，如果是重伤，可以治好就没什么好可怕的，如果治不好，就更不可怕了，因为你死了，这也就是最坏的情况。

后来，人们调查发现，这份征兵广告是一个心理学家写的。媒体去采访他的时候，心理学家说："很多时候，人们有了接受最坏情况的思想准备后，会有利于应对和改善可能发生的情况，或者说当人们冷静地面对可能发生的最坏情况之后，反倒利于用积极的态度去解决最坏的情况，并且扭转这个最坏的情况。"

小结

很多时候，人们不敢直面现实，总躲在虚幻的世界里，承受着担忧带来的焦虑和压力。卡瑞尔公式告诉我们，与其抱残守缺，执着于过去，不如果断地放弃。美梦破灭后，往往就是一个新的黎明。只有无畏面对最坏才可能改善最坏。

我认为卡瑞尔公式就像镇静剂一样，可以给人们带来安全感，这种镇定的感觉对于我们改善局面是至关重要的。希望上述内容能够帮助大家在面对焦虑以及糟糕境地的时候镇定下来，集中精力解决问题。

49 未来绑定法

> 我想与大家谈谈"未来绑定法"这个词,这个词一定会让你的脑洞大开。

你会发现,人们无论多么用心良苦地劝说,多么努力使用高效说服别人的技巧,还是会遇到不能说服他人的时候。因为人不像机器那么确定化,特别是当我们试图说服别人做一些他们认为应该做,但是未必愿意做的事情的时候,我们的这种说服就更加无效了。

其实,这背后的原因有很多,但最重要的一个是人们知道自己应该改变某种行为,只是不想现在就改变。大家要理解这句话,人们其实很想改变,但很多时候我们的动力不足以让我们当下就改变。若想改变这样的情况,可以用"未来绑定法"。

未来绑定法

未来绑定法就是，"不远的将来"和"遥远的未来"在人们心中的感觉是不一样的，人们思考不远的将来的事情会十分具体。可是，若这件事情要过很久才发生，人们则更容易把它想得抽象。

假设有一天你约朋友或者同事去养老院做义工，时间是这个周末或者五个月之后的某一个周末。那么他们对这两个时间的回应，可能会不太一样。

若你告诉他们这个周末我们去做义工，他们的关注点往往会放在某些很具体的行为或者代价上。比如：这个周末去做义工，我就没办法逛街，没办法购物，没办法陪孩子，没办法睡懒觉。

但是，若做义工这件事情是在五个月之后的某一个周末，他们就会在更宽泛的层面上评估做义工这件事情。比如：他们会想，做义工这件事情跟自己的总体价值观、道德观、长期关注的事情有没有一致性。这时他们就不太会去关注自己愿不愿意做，而更会关注自己应不应该做。

也就是说，如果事情摆在眼前，人们关注的往往是自己愿不愿意做，若不愿意，最后的结果往往是否定的。可是，如果把这件事情往后推几个月，人们关注的则是自己应不应该做，于是他们可能做出截然不同的选择，最后遵守自己的诺言。行为学家把这种获得别人更大承诺的策略叫作未来绑定法。

当你想说服别人接受某个改变的时候，可以把这个改变放在未来的某个时段。前提当然是这个改变对他们有好处，并且他们自己也是这么想的，至少是符合他们价值观的。

举例分析

有研究者做了一个实验，请受测者接受一份提案。这个提案叫作"为了控制石油的消耗量"。具体内容是，为了控制石油的消耗量，每加仑石油要上涨 20 美分。一加仑大概等于 3.7 升。研究人员把受测者分成两部分，一部分受测者被告知这个提案要马上执行，另一部分受测者则被告知这个提案要在四年之后执行。然后，让受测者评估自己愿不愿意接受这个提案。

实验结果是，被告知提案要马上执行的那一部分人，仅有 26% 支持实行油价提升。而被告知提案要在四年之后执行的那一部分人，有 50% 以上愿意支持油价提升。

这个研究表明，如果你希望别人马上改变某个行为，而且你确信这个行为容易遭到别人的拒绝，因为这个改变对别人来说是有困难的，那么你不妨换个方式，让对方答应在未来的某个时间段做出改变，这样你的胜算可能会大一点。

假设你是一名管理者，你需要说服员工改变现有的工作流程，换一个新的流程，这件事情对每个人和公司也会有好处。但是，由于之前公司推行过几次变革，都未能取得预期的成功。那么，你大概也能预想到，这次推行新流程肯定会遇到障碍。这时你不妨稍微改变一下策略。

这个策略是：不要让员工承诺马上做出改变，而是告诉员工，三个月之内我们要做出改变。这样一来，员工接受新的工作流程的概率就能够提升，日后大家兑现承诺的可能性也会变大。

未来绑定法可以用在生活中的很多领域。举个例子，通信业务运营商推荐你办理某个套餐，且能马上生效。这时你可能会想，办理这个套餐我需要付出什么。比如我是否需要多付 20 元钱等。你略一思考往往就拒绝办理套餐了。可是，若运营商告诉你，"这个套餐可以免费使用三个月，三个月过后，若没有取消，套餐就会自动生效"，这时人们拒绝办理的概率就会降低，往往就答应办理套餐了。办理套餐的人获得了相应的好处，他们可以免费使用三个月套餐。双方都是赢家。

小结

当我们提出一个想法，想获得他人的支持，但是我们又料定这个想法对方反对的概率比较高的时候，我们不妨把这一想法设定在让对方三个月之后或者半年之后实行，而不是要让其马上实行。这样对方答应的概率以及未来兑现承诺的概率会变高。

50 化整为零,化零为整

> 分享给大家一个有效的策略,叫作"化整为零,化零为整"。我先把其中的化整为零讲清楚了,那么化零为整大家就很容易理解了。

化整为零

行为科学家告诉我们,如果你想说服对方答应你一个较大的请求,你不妨让他们先想想请求当中的某一小方面。这个看似微不足道的举动会对结果产生巨大的影响,这个策略就叫作化整为零。

我们从字面来解释化整为零,能让大家更容易理解。当你想告诉买家 50 个方案需支付 1000 元的时候,可以换一种说法,告诉他每个方案只需要支付 20 元,这样对方更容易接受。

举例分析

有一个实验是在一家公司里进行的。这家公司里有800名员工，员工们收到了老板发来的一封倡议信，这封倡议信号召大家给40名低收入家庭的学生募捐。愿意募捐的员工需要在收到信的一周之内，登录专门为筹款设计的网站，把钱通过网站捐出去。

800名员工中，有320名员工响应了老板的倡议，并且登录了这个网站。在这320个人当中，有一半人登录的网站是标准型的网站，另外一半人登录的是实验人员测试用的化整为零版的网站。

标准版的网站，登录进去后能看到一个问题：请想一想这40名学生，为了帮助他们，你愿意捐多少钱？请把你捐款的数额写在下面。标准版的网站，人们输入了捐款金额后就可以了。

而化整为零版的网站，登录进去之后，会先问：假如你只能帮助一个学生，你会捐多少钱，请把捐款金额写在下面。当对方填完金额后，网站又会跳出另外一个问题：如果你现在要帮助40名学生，你会选择捐多少钱，请把你捐款的数额写在下面。

实验结果是，化整为零的方法显著提升了捐款的金额。进入标准版网站的捐助者，平均捐出的钱是315元。而进入化整为零版网站的捐助者，平均捐出的钱是600元，相差近一倍。

所以，如果你要发起一次募捐，可以不直接告诉大家要帮助的人数，不妨先把所有捐款人的注意力引导到救助一个人你愿意捐多少钱上，然后再呼吁大家帮助更多的人。

化整为零这个方法也可以运用到工作中。部门经理想为自己的团队中请年度旅游预算，他可以先问领导，预计给每位员工多少钱，可以让他们缓解一下这一年高压力的工作，出去好好玩一趟。然后再问领导，整个团队有 20 个人，那整个团队的预算是多少。或许到时得到的预算能够比预期的要高。

在营销或是在销售的过程中，当你要告诉对方，他一年要花多少钱的时候，你要学会用化整为零的方法。若对方一年需要花费 300 元，不要告诉对方他一年的花费，你可以告诉对方，其实他一天连一块钱都花不到。

明白了化整为零，我们再来说一下化零为整。当你要告诉对方，他这一年可以省多少钱的时候，可以用化零为整的方法。比如，这一年可以帮你省下 300 块钱，就要用化零为整，用整数来告诉对方一年下来一共可以省多少钱，千万不要详细到一天的金额。

小结

若你想告诉对方需要花费多少钱的时候，要用化整为零的方法。若你要告诉对方能省多少钱的时候，要用化零为整的方法。

我希望这个方法大家能灵活运用到生活中，你也可以马上尝试一下，比如在你公布一个数字或者公布一套方法之前，多思考三秒钟。想一下用哪一种方法得到的结果可能是别人容易接受的，哪一种方法得到的结果是别人不容易接受的，认真思索一番，也许你成功的概率会截然不同。

51 感知时间

> 关于"感知时间"这个词,我并不想讲人是如何感知时间的,因为我认为这个话题过于科学了。下面我从商业行为的角度为大家讲解这个词。

感知时间

感知时间,也就是我们感觉上的时间,也许过得快,也许过得慢。大家可能觉得这个词好像跟商业没有太大的关联,但是看完我下面的描述,你会发现商业中的很多做法,其实都在围绕感知时间这个词。

实际时间

相对于感知时间,还有一个词叫实际时间。实际时间就是字面意思所说的,实际过了多少时间。现在过了 20 分钟,那么这 20 分钟就是实际时间。而感知时间则是，现在过了 20 分钟，但是你认为时间过得比 20 分钟短或者比 20 分钟长。比如：看一部电影，你会认为 2 小时过得特别快，而夏天的中午你在路边等一个人，你会发现 5 分钟过得特别慢。所以，本质上实际时间对每个人来说都是一样的，可是对于不同情境下，每个人感知出来的时间长短会有不同。

案例分析

在营业厅或快餐店这些地方，休息区往往会有供人消遣的东西，比如报纸或电视。其实，这一切都是为了让你在等待过程中的感知时间变得更短。

明明你等待了半小时，但你会发现时间过得还挺快的。那是因为，你在等待的这半小时中，可能电视正在播放一个你很感兴趣的节目。你在观看节目的时候就觉得这半小时过得很快。

在海底捞排队或等餐时，海底捞会给你提供很多服务。我想这些服务除了能吸引顾客、留住顾客外，更重要的是让人们在等待、排队的过程中，觉得时间不是特别长。事实上人们可能已经排了一个小时，但因为海底捞提供了很多服务，比如剪指甲，提供小吃、饮料等，所以人们觉得这个时间过得还挺快。

其实在商业中，人们做的很多事情也都是围绕着感知时间进行。比如我们去机场排队，会被要求排成 S 形。这是为什么呢？

很多时候排队的人会起争执，争执的原因不在于谁排的时间长、谁排的时间短，而在于我们总会觉得不公平。为什么他比较晚来却排在我的前面办业务,为什么我比他早来,办业务却比他晚?人们很多时候争论的不是实际的等待时间,而是感觉时间,感觉自己被不公平对待,感觉自己的实际时间比自己期望的时间要长。所以,在机场排队的时候排成S形,其实是为了让人们认为自己排队的时间是公平的。

大家想一下,约会的时候、跟客户谈判的时候、跟他人聊天的时候,用怎样的方式能让对方觉得时间过得很快,不会有度日如年的感觉呢?

很多时候我们怀念跟某个人在一起,一定是因为跟他在一起的时候时间过得很快。很多时候我们害怕跟某个人在一起,因为往往跟他在一起的时候感觉时间过得很慢。

所以当你约会时,假设你不擅长聊天,不擅长做很多有趣的活动,但是你希望这个约会可以给对方留下一点好印象,那么你不妨在约会前关注一下约会的环境,若约会地点在餐厅,除了纯粹吃饭外,餐厅里面会不会有音乐,会不会在吃饭的过程中提供其他服务,或者是否有位置可以欣赏一下窗外的海景,等等。这些条件能够很好地弥补你的不足,会让别人认为跟你吃饭的时候时间过得还是比较快的。

借助感知时间的这个话题,我想谈一谈另外一个词语叫作"感知工资"。相信看这本书的人中,有很多都是企业中的管理者或者在职的工作人士。想一想,是不是在生活中,我们会有这样的情形?比如,你问一个人:"你每个月拿多少钱?"他回答说:"我每个月拿五六千块钱。"他回答的五六千块钱,其实不是他的实际工资,而是他的感知工资,也就是他感觉自己拿了这些钱。

有很多企业把工资工作做得特别细,我认为这样做不是特别好。公司把员工的工资分成很多项,除去基本工资,还有各种补贴,但是这些补贴往往都不是一起发放的。例如，节假日的时候发多少钱、放假的时候发多少钱、生日的时候发多少钱。其实公司给大家发的这些补贴，并不一定在人们的感知工资当中。

所以，一个员工一个月实际拿到手的钱虽然有 7000 元，但他的感知工资往往只有 5000 元。因为他最直接的感知工资，就是他拿到手的钱。至于其他医保、社保，平常发的奖金，他都不会列在自己的感知工资里。

我做咨询时，发现有很多公司把员工的工资分成了三十几项。其实，若企业把员工三十几项的工资详单归类成六项或者七项，实际上给员工发的工资没有提升，但员工的感知工资会提升，因为发工资的那一天他拿到手上的钱变多了。员工平常拿到手的零零碎碎的钱变得少了，但是在他的感知工资里钱是变多了的。

所以，一定不要忽略"感知"这个话题，无论是感知时间、感知工资，还是我们前面谈到的首因效应，都一定要重视。

小结

当一家公司的员工感知工资都很低的时候，这家公司的员工流失率就会提升。通过上述内容我们知道，若想降低员工的流失率，并不一定要提高工资，还可以提高他们的感知工资。

我把时间以及工资和感知做了关联，希望能带给大家一些启发。

52 不确定性的说服力

> 我要讲一个听起来有点奇怪的词,叫作"不确定性的说服力"。人们往往认为,具有"确定"的观点和指导方向,容易让别人信服。但是在一些前置条件同等的情况下,有时候"不确定"的感觉,更容易调动人们去尝试一下的动力。

问大家一个问题,若你想去说服、影响一个人,你应该表现得更自信还是更不自信,应该表现得更坚定还是不坚定呢?我想很多人都会选择自信和坚定。因为大部分人认为表现得更自信、更坚定,对自己所讲的结论、建议更坚持,对方才更容易接受。

确实,在这个信息过量的环境中,无论是在生活还是工作中,我们都面对着泛滥的信息,为了厘清头绪,快速地做决策,我们会找很多专家来帮助自己,比如看起来特别睿智的人,或者懂得特别多的人。我们希望他们能给我们提供一些建议。

幸运的是这个世界上从来不缺专家，什么行业都有。比如：我们要理财，可以咨询财务顾问；我们在亲子教育中遇到问题，可以请教亲子专家；我们想健身，可以找私人健身教练。大家都能找专家给自己指一条明路。

于是有些人以为，专家们要说得更坚决、表现得更自信才有说服力。可事实上，那些言之凿凿的专家并不比态度不定的专家有更强的说服力。

实验分析

消费者研究专家做过一个实验，这个实验验证了一个话题：最令人信服的往往不是那些表现得很自信的专家，相反，那些自己也不太确定的专家说出来的建议和忠告往往更有说服力。特别是当问题没有明确答案的时候,那些自己也不太确定的专家的建议往往更有说服力。

具体实验是这样的。一家餐馆发布了一篇好评文章，有一半顾客看这篇好评文章，会被告知是由一个著名的美食评论家写的，他的文章会定期发表在报纸和杂志上，而且是在很有权威的报纸杂志上。另外一半顾客看这篇文章，会被告知文章是由一个籍籍无名的网络写手写的，而且这个网络写手并不是美食专家，他绝大部分时间都在快餐店吃饭。

实验的结果如大家所料。若人们知道这篇文章是专家写的，人们肯定会更相信专家。就像这个实验，美食评论家肯定吃遍了无数美食。而他对这个餐厅还能有这样的好评，那一定是做过对比，而且是大量对比之后的结论，所以人们在这种情况下往往更相信美食专家写的文章。

虽然两篇文章是一样的，但是人们更相信美食专家，而不太相信一个籍籍无名的网络写手。这个实验似乎是让人们觉得，专家就是要表现得更确定。

接着实验者又做了第二轮测试，让顾客看两篇不同的文章，并告诉顾客这两篇不同的文章都是美食专家写的。两篇文章的内容大体一样，但措辞不太一样。其中一部分人看到的文章是，美食专家用完全的、确定的语气赞美这家餐厅："我在这家餐厅吃了晚餐，我十分确定这家餐厅可以打四星。"另外一部分人看到的也是专家的文章，但这篇文章里用的都是不确定的语气："因为我在这个餐厅只吃过一次饭，我不太敢完全确定，但从我目前的体验来看，我觉得这家餐厅可以打四星。"

都是美食专家写的文章，一部分人看到的是用确定性语气写的文章，另一部分人看到的是用不确定性语气写的文章。实验的结果是，那些读了用不确定性语气写的文章的测试者们，对这个餐馆的好感度提升了很多。而且，根据长期的跟踪发现，这些人光顾这家餐馆的比例也提升了。

你会发现一件很有趣的现象，虽然只是稍微调整了一下专家评论时的确信程度，可对于顾客来说，他们对于这个餐厅的好感度会截然不同。

心理学家的分析是，由于人们能预料到专家对自己的看法非常的确信，所以，当专家流露出不太确定的态度时，人们的注意力反而被吸引了过去。产生的结果就是，语气带有一些不确定性的专家意见，更能引起人们的兴趣。假设专家们的意见同样有道理，那么用不确定的方式,更容易得到受众的反馈,更容易让受众相信。

在商业中,无论是做管理,还是给别人提建议,我们总希望能够说服决策者。但其实与其把不确定性遮盖起来,还不如明明白白地把不确定性表露出来,结果反而会让他觉得更有说服力。

当然,我们所说的是一件事情如果本身没有唯一答案,使用不确定的这种方式会更有效。现代商业社会中,大部分的问题都是没有唯一答案的。甚至,一家餐厅的食物好不好吃,本身也没有唯一答案。所以,大部分的商业问题,用不确定性的方式回答,其实往往能表现出更强的说服力。

> **小结**
>
> 使用不确定性的方式还有一个好处,它能够无意识地增加双方之间的信任感。因为,这个方式会让对方认为你不是特别武断,甚至认为你对自己说的话是负责任的。各位在生活中不妨尝试一下,不要事事咄咄逼人,不要把自己包装得金刚不入,有一点破绽、有一点迟疑或者不确定,其实根本不影响你的说服力,反而会提升别人信服你的概率。

53 小数字假说

> 我想与大家谈一个词,这个词叫作"小数字假说"。职场中,数字是一种有说服力的证据,但当需要说数字时,是先说"大数"还是先说"小数",人们并未认真考虑过,大部分情况下,我们都是凭经验或惯性报出数字。其实,这当中也有技巧。

乍一听这个词,我想大家都不知道它的意思,所以我先描述一个场景帮助大家理解。假设有一天你去咖啡厅里喝咖啡。服务员拿来一张积分卡说:"先生,我们最近有个活动,你每点一杯咖啡就可以在这个积分卡上盖一个印戳,只要盖满了十个,你就可以得到一杯免费的咖啡。也就是说,你只要消费十杯就可以免费得到一杯赠饮。"你接过了卡片,上面盖了两个印戳,因为你点了两杯咖啡。

这就代表,你已经朝着那一杯免费的咖啡进发了。这时候若用两种方式来描述你的进展: 种是这个活动你已经进展了20%;另一种是这个活动你还有 80% 的进度要走。请问哪一种说法对你来说更有激励性,哪一种说法会让你对这十杯咖啡以及最后那一杯免费咖啡更感兴趣、更有动力往前冲呢?

其实大家看过这个场景就应该猜到,这是所有工作中都会碰到的事情。它不仅是一杯咖啡的问题,在激励员工、激励客户,甚至赢得客户的忠诚度上都有很重要的意义。这就是小数字假说。

小数字假说

小数字假说的意思就是,我们若把注意力的重点改变一下,完成任务的积极性可能会更强。那么怎样改变呢?在任务刚开始的时候,与其去关注任务尚未完成的部分,不如关注已经完成的部分。比如任务刚开始 20%,还有 80% 未完成,与其去关注还未完成的 80%,不如把注意力放在完成了的那部分上。虽然完成的比例看起来很小,只有 20%,但是总比告诉别人占比更大的 80% 未完成要好。

实验分析

一家人气非常高的寿司店,用四个月的时间,让 900 名该店的常客参与一个忠诚度奖励计划。奖励计划是:顾客午餐时间来店里消费十次就可以获得一次免费的午餐。

研究人员把顾客分为两组,一半顾客拿到的是空白卡片,他们每来吃一顿午饭,卡片上就加盖一枚印花。当印花加盖到十枚时,就能获得一次免费的午餐。这类顾客被归为累积组。

另外一半顾客，拿到的卡片上有十个印花。他们每来吃一次午餐，店员就用打孔机把其中一个印花打掉。当印花都被打掉后，就能获得一次免费午餐。这类顾客被归为剩余组。

累积组的卡片是空白的，需要一次次累积才能换一顿免费的午餐，他们关注的是还要去几次；剩余组的卡片是有十朵花，每吃一次就打掉一朵花，他们关注的是还剩多少次。

研究人员发现，如果顾客最初取得进展比较小，那么累积组的人更有可能再来餐馆消费。可是，当顾客最初取得进展比较大，已经超过 50% 后，那么情况就会反过来，剩余组的顾客来店的意愿会更高一些。

为什么会出现这种情况呢？这是因为，当顾客的注意力被引导到了较小的数字上时，顾客完成相应目标的积极性就会更高。这个较小的数字，无论是指完成了的，还是未完成的，得到的效果都是一样的。人们把这个现象称作小数字假说。

无论你的目标是提高客户的忠诚度，还是只想激励他人更积极地完成任务，根据研究的建议，你都应该在早期就把目标对象的注意力引导到已经取得的少量进展上，而不是盯着尚未完成的较大数字。

因为在执行任务的早期，盯着小数字能够唤起人们尽可能高效做事的欲望。比如从 20% 进步到 40%，相当于翻了一番，人们行动起来会特别高效。

可是，相比较而言，当这个数字变大了，比如从 60% 增长到 80%，同样是增长了 20 个百分点，人们就没有翻番的感觉了，感觉只完成了任务的 1/4，行动起来就不会很高效。

我们常听领导开会的时候这么说："这一季度开始了一周，大家已经完成了季度目标的 15%，大家继续努力。"而不会说："这一季度刚开始一周，我们还有 85% 的任务没有完成，大家要继续努力。"

　　这个简单的说法，大家可以立即运用起来，能够帮助我们提高办事效率。另外要把你的关注点放在小数字上，不管这个小数字是已完成的任务还是未完成的任务。当完成的任务小于 50% 的时候，我们要说已完成多少；当完成的任务大于 50% 的时候，我们要说还有多少未完成。

小结

　　用小的数字来描述整个项目的进展，能够更好地提高客户的忠诚度，也能够更好地激发员工的积极性。大家听完之后不妨尝试一下。

54 双因素激励理论

> 双因素激励理论,可以帮我们尽早结束早已无益的行为,或者重新激活无益行为。

如果大家是做人力资源工作的,那么在学习人力资源管理的过程中,就会学到一个理论,叫作"双因素激励理论"。这两个因素一个叫"激励因素",另一个叫"保健因素"。

我之所以想谈这个理论,是因为我想让大家理解为什么很多时候看似激励的行为,其实本身没有用处,不仅没有用处,还会带来许多莫名其妙的成本增加。也就是说,你认为自己给了别人激励,但事实上只增加了你的成本,而且增加的这个成本,并没有给你带来好处。

我并不想从专业的角度来谈这个理论,所以我需要大家跟着我的思路想象一个图。这个图是一个数轴图,分为上下区间,上区间称为"激励因素",下区间称为"保健因素"。

过去人们一直认为，若一个人不满意，那么与其相对应的就是这个人满意，即不满意对应的是满意。可是当我们把不满意和满意用数轴图进行认真分析时，你会发现不满意对应的并不仅是满意。

大家想象一下，下面这个数轴图中，不满意在下区间，满意在上区间。而在纵向数轴的原点，还有两个词：没有不满意和没有满意。很多时候，我们只是让客户没有不满意，可是我们却误以为我们让客户满意了。

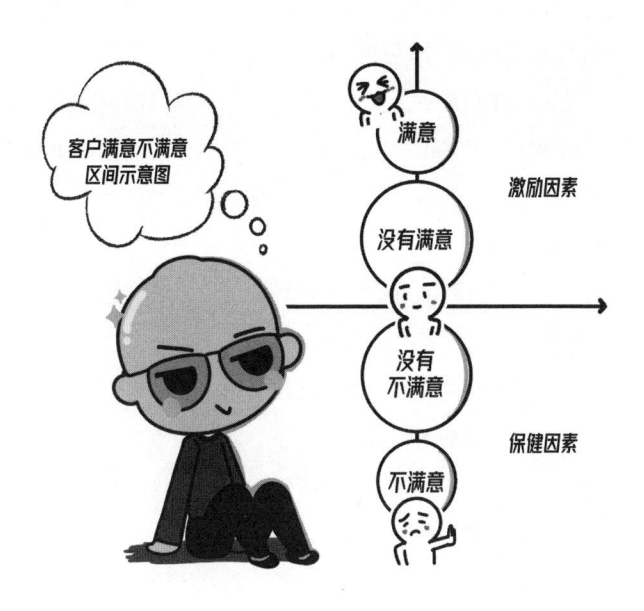

客户满意不满意区间示意图

满意
激励因素
没有满意
没有不满意
保健因素
不满意

举例分析

人们总会不由自主地把没有满意等于不满意，把没有不满意等于满意。事实上没有不满意和满意之间是有差别的。举个例子，我们办理的手机套餐每月都会扣费，通信公司扣费系统都非常精准，每个月都能保证扣费不出错，也从来不会乱扣费用。请问你会因此对通信公司很满意吗？我想很多人看到这儿就能明白意思了。

扣费精准并不会让我们对通信公司很满意，我们只是没有不满意。我们会认为，通信公司把费用扣对了，这是理所当然的事情。但是，一旦通信公司把费用扣错了，那么我们可能立马就不满意了。所以，大家会发现扣话费这件事情，永远是处于不满意和没有不满意之间的，不太可能上升到满意这个层面。

很多时候，我们希望让客户满意。这个时候我们可以做什么事情呢？有个词叫作"出其不意"，当客户认为这件事情是你理所应当这么做的时候，那么这件事情你无论做得多么好，都获得不了客户的满意，最多只能获得没有不满意。

在服务客户的过程中有一个死循环。假设中秋节的时候，公司从来没有给客户送过月饼，客户也不会因此不满意，客户会认为这是正常现象。可是，有一年公司给客户送了月饼，那么客户就会满意，因为以前没有送过。但是大家再试想一下，若公司第二年、第三年也送月饼，之后一直送月饼，那么不知不觉中送月饼这件事，就从上区间的满意跑到下区间的没有不满意了。

当一件事情从上区间跑到了下区间，就意味着如果再做这件事其实已经没有什么好的效果了，因为这件事不会让人满意，顶多只会没有不满意。客户认为月饼年年都送是很正常的事情，你们就是应该按照惯例给我送月饼。

所以，服务当中有一个死循环，一旦有什么新举措，往往第一次实行时客户会很满意，但是这个举措做了几次之后，客户就会认为这是理所应当的事情。

不知大家听没听过一个故事，有一个年轻人，上班的路上会经过一个天桥，这个天桥上有个乞丐。年轻人单身，每个月赚的钱也够用，他看乞丐可怜，于是心善的年轻人每次路过都会给乞丐一些钱。

可是有一天年轻人谈恋爱了，准备谈婚论嫁，他的花销变得紧张了，于是他再路过天桥的时候就没有再给乞丐钱。

过了几天，乞丐终于忍不住了，就问他："小伙子，以前你每次路过都会给我一些钱，为什么你最近都不给我钱了，是我做错什么了吗？"年轻人回答说："老先生，你没有做错什么，以前我单身，钱也够用，我就想帮助你，表表我的心意。可是最近我准备买房结婚，所以花销特别紧张，就没办法再帮助你了。"

我想大家听到这里，也会认为这一切是理所当然的，年轻人的想法没有错。我钱够用的时候给你一些，不够用的时候就没办法给你了。可是当年轻人说完这句话后，老乞丐非常愤怒地说："天哪，你怎么可以用我的钱去谈恋爱呢？"

大家听完这个故事也许会想笑。但是生活中，人们往往会进入老乞丐的那个角色，认为别人总给你东西是理所当然的。

换句话说，你本来想去激励员工、激励客户的激励因素，在不知不觉中就变成了保健因素。

指导意见

在激励中，我想给大家提一个建议，很多时候激励对方并不一定要付出很大的成本，往往出其不意才能惠而不贵。因为每一次的出其不意，都会进入激励对象的上区间。但是，任何事情做多了之后效果都会默默滑到下区间。

> **小结**
>
> 　　一件事情的效果只要滑到了下区间，无论你做得多好，激励对象也不会再一次满意，而只会没有不满意。通过上文介绍，至少能够让大家理解双因素激励理论是什么意思，如何实现"出其不意，惠而不贵"。

55 主场和客场

> 通用场景的设置，完成心理暗示，在竞技和谈判的场合，往往能发挥"润物细无声"的效果。

问大家一个问题：你认为对一支球队来说，在主场或在客场比赛会不会有区别？若你是一个球迷，一定会回答当然会有区别了。

一支球队在主场打比赛，他们的支持者会普遍希望球队比在客场时打得更好。当然，这指的是在面对同一对手的情况下。事实上不必去看球迷的想法，数据就足以证明主客场对球队影响的区别。

不知大家是否关注体育赛事，在其他条件基本相同的情况下，拥有主场优势的队伍往往胜出的次数及概率会更高。所以，主场优势以及客场劣势不是人们臆想出来的，因为最后的结局就是这么呈现的。

从历史中我们也能得到验证。国家之间签条约，基本上都会选择在一个中立的地方签订。法国的拿破仑一世和俄国的沙皇亚历山大签订《提尔西特和约》时，就是在一个小皮筏上签订的。

在进行国际谈判的时候，人们往往也会把谈判的地点选在一个中立的地方。也就是既不是你的主场也不是我的主场，谁也不吃亏。

在劳资谈判中也是如此，所谓的劳资谈判，就是工会代表和企业代表进行谈判。工会代表为了寻求公正，一般都会把谈判的地点选在酒店，而不会在公司里面谈判。因为在公司里就变成公司是企业代表的主场。

所以当我们追求更好的商业结果时，不妨在地点上进行一些改变。比如：即使没有把谈判地点设在你的办公室，也要把谈判地点设在一个彼此都熟悉的地点，也许谈判结果会大有不同。

在体育赛事中，主场是有优势的。那么在商业领域中，这种优势存在吗？为此行为科学家做了一个实验，他们招募了一些测试者，把测试者分成两组，一组人充当采购人员，另外一组人充当供应商，模拟商业谈判。

采购谈判内容大部分都集中在价格上。为了让实验更真实，这次模拟商业谈判内容也主要集中在价格上。那么谈判点就很显然了，采购人员希望把价格压得更低，供应商希望把价格抬得更高。

为了验证主场优势是否适用商业，研究人员用了一个聪明的办法来帮测试者制造主场和客场的感觉。主场的测试者可以在谈判开始前，对谈判场所，也就是自己所处的办公室进行布置。比如，把谈判场所布置成自己喜欢的样子，在桌子上放上有自己名字的桌牌、选择自己喜欢的桌椅、在墙上贴上相片或者在墙上写下工作计划等，而且，办公室的钥匙由主场测试者保管。这么做的目的就是，尽可能使办公室对这些人来说有一种主场的感觉。

当主场测试者正在布置办公室时，客场测试者被带到了另外一个办公室。客场测试者只是在办公室里等待，并不能布置办公室。然后，客场测试者被告知谈判将在对方的办公室进行，而且对手们正在执行一个跟谈判完全没有关系的任务，需要客场测试者先等待。主场测试者准备好了，客场测试者才能进去谈判。

实验证明，跟体育界的主场优势现象一样，商业活动中主场也是有优势的。研究人员发现，主场的测试者，在谈判的过程中表现得比对手要强。无论他们扮演的是采购人员还是供应商。

这说明，谈判地点对于谈判结果是有影响的。所以，谈判的时候，如果对方邀请你去他们那进行谈判，较合理的解决办法是，你提议对方做一个小调整，换一个比较中立的地方。比如，双方都熟悉的地点，或者双方都不熟悉的地点。当然最好的办法是，如果可以的话，请他来你的办公室进行谈判，这能对你谈判成功带来一点帮助。

小结

在商业活动中，有一句话叫"万事无小事"。很多时候，一个小小的改变就能给你带来一个巨大的帮助。当你理解了主场和客场这个说法的时候，若你要去一个地方演讲，而这个地方你并不熟悉，那么你不妨提早去一个小时，如果是很重要的演讲，甚至可以提前一天去看一看，让自己对这个场地有一点主场感觉。如果你什么都无法改变，那么在开始演讲前，多去熟悉一下环境，在这个环境中加一点自己喜欢的东西，这样能够让你更有主场的感觉，而这种感觉会帮助你让结局朝一个良性方面发展。

56 归因偏差

> 透过现象,我们往往看见的不是本质,而是另外一种假象,但我们却经常将此定义为"本质"。

归因偏差

归因偏差是大多数人无意或非完全有意地将他人行为及其结果进行不准确归因的现象,是人们在某些条件下出现的心理反应。

归因偏差会让人沉迷于肤浅的信息,歪曲某些正确的信息,甚至得出有误导性的结论。而这些结论,经过人们的表达不断放大,从而误导更多的人。常见的归因偏差有:基本归因偏差和关联归因偏差。

基本归因偏差和关联归因偏差

● 基本归因偏差

最简单的解释是,我们很容易把自己的错归到环境层面,而把别人的错归到品质层面。举个例子,假设你开了一辆车,前面有辆车突然从车窗扔出一团纸,请问你的第一想法是什么?也许你的第一想法是:前面这辆车的主人真是没有素质。我们往往会把他的行为与他的品质做关联。

大家试想一下,假设你的车里载着你的亲人,比如你的妈妈,她用完了一张纸巾,四处看了看认为没地方扔,于是她就打开车窗把纸巾扔出去了。当你看到妈妈扔出了纸巾,你会怎么想?你会认为她没有公德心、没有道德吗?不会的。你会认为她是因为找不到扔纸巾的地方,不想把车弄脏,所以才把纸巾扔到外面的。你可能会跟妈妈说不要往外扔,但是你不会把她的这种行为跟品质做关联。

我们把自己的行为跟环境做关联,是因为我们认为自己做出这种行为是环境所致,是环境导致我们迫不得已做出这种行为。可是我们却会把别人同样的行为跟他的品质做关联。其实,这种归因偏差往往就是人与人之间产生矛盾的很重要的因素。

● 关联归因偏差

房地产公司告诉你,经过调查显示,住学区房的孩子比住非学区房的孩子平均学习成绩要高。这是随机调查了 1000 户人家得出的结论,并且不论是一线城市还是二三线城市都呈现这种结果。

我相信如果你正在考虑到底买不买学区房,那么这个调查可能会让你更倾向于买学区房。若你有这种倾向的话,那就代表你被骗了。

很多人一听被骗了就觉得对方公布的调查是假的。其实不然,事实上对方公布的调查结果是真的。但是即使这个调查结果是真的,你也是被骗了,你被自己骗了。

住学区房的孩子平均学习成绩,假设真的比住非学区房的孩子要高,也不代表买学区房是孩子学习成绩高的原因。即使调查结果是真的,可是这当中的关联却不是真实的,只是你把它们关联起来了。

而之所以住学区房的孩子平均学习成绩比住非学区房的孩子要高,是因为会买学区房的父母,本来就比较重视孩子的学习。他们晚上回家不看电视、不打游戏,同孩子一起学习,尽可能地为孩子塑造一个良好的学习氛围,这才是他们的孩子学习好的根本原因。并不是因为住在学区房,而是这些孩子的父母本来就更重视孩子的学习,自己也更自律。

若你买学区房只是听他人说学区房对孩子学习有帮助,而买完后就认为自己该做的事情都做完了,剩下就靠孩子自己了,那么你的孩子很可能会成为学区房学习成绩处于平均线以下的那个孩子。通过这个例子,我想大家大概可以明白什么叫关联归因偏差了。

生活中,有很多这种关联归因偏差的现象。比如:研究表明,长期喝红酒的人比不喝红酒的人长寿,于是得出结论说喝红酒能够延年益寿。大家听完是不是又心动了?很多人听完后就决定长期喝红酒。

我给大家分析一下,假设"喝红酒会长寿"的数据是对的,但红酒跟寿命一定有关联吗?一个人长期喝红酒,代表他的自律性比较强,他们可能不吃油腻的东西、按时睡觉、有规律地运动,这可能才是人家寿命长的真正原因。

可是,若你只看了"喝红酒会长寿"的数据,就把喝红酒和长寿强制做了关联,就有可能产生关联归因偏差。若你也喝红酒,但是你的其他生活规律都不改变，那么你一样是喝红酒的人当中寿命处于平均线以下的那个人。

所以，关联归因偏差告诉我们，要发现核心的因素，而不是捕风捉影把看似相关的事物强行联系起来。在信息的海洋中，我们总是喜欢把影响事物结果的因素归结于一些其他原因，然后找一个让自己的责任变得更小的因素。

小结

多问自己几个问题：
- 我选择相信这个结论的原因是什么？
- 我选择不相信这个结论的原因是什么？
- 这是最重要的原因吗？
- 还有其他可能的原因吗？
- 如果这件事情发生在我身上，当下的我会如何应对？

57 化敌为友

> "化敌为友",是在商业社会中,人人都希望做到的一种程度。"敌"或"友",本身就是一个辩证的话题,我们可以巧妙地化解这之间的边界,淡化是非的标准,找出共同点。我们应落实一个重要的原则:共识比对错更重要。

有两家公司是竞争关系,但是有一天,因为资本的原因,两家公司合并了;两个相互竞争的部门,因为组织架构的调整合并了。以上两种情形中,原本双方是竞争关系,文化、价值观都不一样,但是现在变成了一个整体,他们如何化敌为友呢?

在商业活动中,我们每天都要做一件很重要的事情,就是把本来不是盟友的人变成盟友。这样我们才能为共同的目标继续努力,于组织和个人来说都是一样。所以,如何化敌为友这个问题就变成一个越来越重要的商业问题了。

两个群体本来是截然不同,甚至是针锋相对的,这种现象在体育界中特别明显。比如球迷,我喜欢这个队,你喜欢那个队。不同球队的球迷往往是针锋相对的,那么怎样化解这个局面呢?

实验分析

心理学家做过一个实验,这个实验能带给我们一些启发,让我们知道如何在极端的情况下让针锋相对的双方化敌为友。

心理学家马克莱文请了一群足球迷。这群球迷都是曼联队的"死忠粉",马克莱文让他们填了一张问卷,写下他们喜欢曼联队的几个方面,也就是为什么喜欢曼联队。球迷们填好了问卷后,被告知需要走到另外一个地方进行下一项研究。

在这群球迷刚好走到操场的时候,他们看到一个正在跑步的人(工作人员扮演)。跑步的人会在经过球迷的身旁时摔一跤,并且看上去受伤了。

这里有三种情况:一、跑步的人穿了一件没有写字的白T恤衫;二、他穿着一件曼联球队的球衣;三、他穿的是曼联队的"死对头"的球衣,比如利物浦队的球衣。

在隐秘处,心理学家偷偷观察,看看跑步的工作人员穿哪种球衣摔倒后,获得球迷搀扶和帮助的概率会更高。

事实证明,穿着没有任何球队标志的白色T恤衫的跑步者摔倒,大概有1/3的曼联球迷会停下来帮忙;穿着曼联队球衣的跑步者摔倒,球迷中大部分人会停下来帮忙;而当工作人员穿着曼联队的"死对头"的球衣时,停下来帮忙的曼联球迷就非常少了。

上述实验说明了一个问题：人们更愿意帮助自己的同类。

心理学家又做了一个实验，这个实验是我今天要讲的重点。心理学家让球迷们又填了一个问卷，问卷内容是：为什么喜欢当足球球迷？

大家好好体会一下上述这两份问卷的问题，其实这两个问题是处于不同层次的。"你为什么喜欢曼联队？"是一个更聚焦的问题。而"你为什么喜欢当足球球迷？"则是一个更宽泛的问题。

同第一个实验一样，心理学家让工作人员穿三种球衣摔倒，观察球迷的反应。实验结果是：这一回曼联队的球迷去帮助穿"死对头"利物浦队球衣的摔倒者的人数变多了。

让人欣慰的是，如果我们针对第一个实验做一个小小的改动，人们会更愿意敞开心扉帮助并接纳那些是"死对头"的人。

描述到这里，我想大家应该能理解我的意思了。曼联队的球迷在做第二次问卷时，被问了一个更宽泛的问题"为什么要成为足球球迷？"足球迷，不管是曼联队的还是利物浦队的都叫足球迷。所以，在第二个实验中，人们被激发出一个更深层次的身份，他们更愿意去帮助同样是球迷的人，哪怕双方喜欢的球队不一样，但是我们都是同一类人。

寻找共同点，能够化敌为友，我想这件事情每个人都知道。可是，事情越聚焦越不容易有共同点，就像我喜欢这个队，你喜欢那个队，我们各自喜欢的球队是"死对头"，所以我们也是"死对头"。但是若扩大范围，再往下问一个层次，我们本质上都是球迷，我们其实是一类人。

若你在公司里是一名管理者，那么你要在不同的部门、不同的同事之间去寻找共同点，有些时候不仅要去关注人们表面上的共同点，更要学会去关注人们更深层次的共同点。当这种更深层次的共同点也能被激发时，化敌为友这件事情就能更大概率地实现。

小结

我经常说一句话:"透过浅层的需求看到深层的需求。"人们各有需求,我有我的需求,你有你的需求,我们的需求不同,但其实这种不同需求的背后还会有相同的点。但是,人们很多时候不会想到这一层,如果你能激发到这一层次,那么化敌为友的概率就能大大提升。

希望大家能寻找到与他人非同寻常的交集以及共同点,把不是盟友的人变成盟友。

58 峰终定律

> 我要跟大家谈一个很重要的词叫"峰终定律"。这个词有两个关键字,分别是"峰"和"终",那么峰终定律到底是什么意思呢?

举例分析

在医学中有一种检查,叫作直肠镜检查,做直肠镜检查大概需要十几分钟。检查直肠的仪器需要插进人体内,这一过程其实是很痛苦的。

在检查直肠时会出现两种情况,一种情况是,人们的直肠镜检查很顺利,检查十几分钟就结束了,虽然过程很痛苦。

另一种情况是,人们在做直肠镜检查时,医生忙别的事情去了,没有及时拔出仪器。这些病人因为医生的原因，检查又延长了十多分钟，可是延长十多分钟只会让人有点疼，病人感觉并不如前十分钟疼痛。

研究人员对此做了一个调查，问这两类人下一次还愿不愿意再做直肠镜的检查。调查结果出乎研究人员的意料，出现了一个很奇怪的现象。因为按道理我们会认为承受更长时间痛苦的人，获得的体验更不好，他们承受痛苦的时间更长，所以愿意再做直肠镜检查的比例一定比顺利检查的人少。可是调查结果与我们所想的正相反，顺利检查的人，他们愿意再做检查的人的比例反而更少。这说明，承受更长时间痛苦的人对直肠镜检查的整个过程的回忆，其痛苦程度反而比顺利检查的人低。

这是一个很有趣的心理现象，这代表人们评判一次体验是痛苦还是不痛苦，并不是以这次体验过程中所承受的痛苦的总量来评判的，而是以两个很重要的参数来评判。一个是在整个体验过程中，所体验的感受的峰值，不管是好的还是不好的；另一个是最后体验结束的那一刻的感受。

所以，上述两类人在接受直肠镜检查时，前十分钟的峰值是一样的，但是他们的终值却有区别。承受更长时间痛苦的人的终值比顺利检查的人的终值要好。因为顺利检查的人是在很疼的情况下被拔出仪器的。也就是说，检查是在他很疼的时候结束的。可是承受更长时间痛苦的人是在不怎么疼的时候结束检查，他们对整个直肠镜检查过程的印象反而是不那么痛苦。

心理学家针对峰终定律在很多地方做了研究，发现人们的感知都是这样的。有时人们甚至会忽略时长（总量），而更关注峰值和终值。

举几个例子。若一个歌手要举办演唱会，一定会把最受人们欢迎的歌曲放在最后。这样往往会让人们在回想起整个过程时觉得很开心。虽然过程的峰值已经无法改变，但是可以在结束时做到最好，让人们再回想起这次体验的时候，峰值和终值的感受依然存在。

我经常出差住酒店，有些酒店在你一进门的时候会给你一张欢迎卡片，并赠送你一些小礼物。其实，如果这些酒店懂得峰终定律的话，完全可以在顾客入住的时候送小卡片，让顾客有惊喜，并在顾客即将离开酒店的时候送礼物，让顾客离开酒店也很愉快。

宜家家居里没有很多服务员，甚至很多家具放得很高，需要顾客自己踩着凳子把它拿下来。但在从宜家家居出来的时候，宜家会给顾客一个冰激凌。其实给冰激凌的这一行为就叫作终值。宜家家居把终值做得好，人们回想整个逛宜家的过程时，就会觉得整体感受还不错。

如果大家理解了这种心理效应，那么你去旅游的时候，就不要把预算平分在旅游中的每个环节，而不妨多留一点预算在结束的那一刻。比如，你攒了很多航空公司的积分，你出发的时候可以不兑换头等舱，而是在返回的时候兑换。一个美好的旅游结束点，会为你整个旅游留下更美好的印象。

如果你开了一家店，那你不妨在客人快离开店的时候给客人一个小小的惊喜，客人回想起来会觉得来你这家店很好。

如果你要上台演讲，哪怕你讲得平平淡淡，但别忘了要有一个完美的收尾。这个收尾可以好好设计一下，比如：用一个故事，一段很感人的话，或者一个能启发人思考的话题来结束。因为一段演讲，如果有一个良好的收尾，听众甚至可以抹掉你演讲过程中不那么出彩的发挥，而在回想这次演讲的时候，觉得你讲得很好。

小结

生活中的很多事情,人们往往注意的是过程中体验的峰值和最后的终值,而忽略了总量。如果大家理解了这个概念,就能在很多地方做一点有效的改变。

59 倾听术

> "我想给大家分享一个很实用的技能叫作"倾听术"。倾听,是一种姿态,也是一种技术,故而称为"倾听术"。倾听术有三个层次,其中最重要的,是要让说话的人,感到你们是"同频率"的。从潜意识的层面,拉近彼此的距离。

有很多书教大家如何表达,也有很多书教大家如何提问,但很少有一本书教你如何倾听。事实上,倾听是人很重要的核心能力。一个真正的表达高手在与他人聊天时,之所以能让他人觉得很舒服,这背后有一个很重要的因素,就是当别人在说话的时候,他很会倾听,而不是自己说个不停。

我们有时会批评他人"你说得太多了"。可是,我们很少批评他人"你听得太多了"。所以,听得多往往不会遭批评,说得多才会遭批评。接下来,我想跟大家分享一个我认为非常有效的倾听方法。

倾听的三个层次

倾听分为三个层次：第一个层次是我在听，第二个层次是你在说，第三个层次是我们本来就是同频的。在第一个层次中关注点还是"我"。而第二个层次，虽然关注点已经转移到了"你"，但还是远远不够。倾听的最高层次是让对方感受到你在听，让说话的人感觉到他说的话被重视了，并且感觉你们是同频率的，潜意识中你们是一起的。

倾听的三个方法

那么，如何做到这件事情呢？我从一本书中学到了方法，这本书是《倾听术》，现在我给大家分享一下其中的核心方法。

- 第一个方法，模仿对方的下巴

下巴是一个人在聊天的过程中动向性最明显的一个地方。对方的下巴向上了，你也可以微微扬起下巴；对方的下巴向内收了，你不妨也微微向内收；对方向左，你也向左；对方向右，你也向右。当然不要模仿得很突兀。

- 第二个方法，模仿对方说的最后一句话

比如我和你说："我买了个杯子特别好看。"你不需要发表任何评论，你只需要说"杯子特别好看"就行了。这叫作模仿对方说的最后一句话。

对于这种模仿，大家不要觉得像鹦鹉学舌，当然你的模仿可以做一点小小的改变，但你依然不需要发表评论和想法，特别是当对方在谈论一个你不懂的东西时。这时你不需要告诉我你不懂，你只需要复述我的最后一句话就可以了。

● **第三个方法，灵活地模仿**

大家在跟老板聊天，或者拜访客户时，也许能看到他坐在沙发上，跷着二郎腿，身子往沙发上靠，两手大大张开。老板坐成这个样子可以，可是身为下属却不能这样。我们往往会比较拘谨，或者身体向前倾。但是《倾听术》这本书告诉我们，不需要这样子。

如果对方身体向后仰，你也可以聊着聊着身体微微向后仰。但对方跷着二郎腿，你跷二郎腿就不合适了，你可以把两腿交叉。对方双手抱胸，你双手抱胸就显得不太合理，但是你可以把双手交叉，这叫作缩微化地模仿对方的动作。

灵活地模仿对方动作时，可以把动作的幅度变小一点。不要小看这些模仿动作，这些模仿动作会在不知不觉间影响对方，让对方认为你们是同频率的人。

所以，作为一名新员工，若拜访一位前辈，你并不一定要弯着腰站在那里，不妨观察一下他的习惯性动作。然后，偶然间模仿一下他，这会让你们俩在心理距离上走得更近些。比如：对方端起杯子，喝了一口水，你也不妨慢慢地端起杯子喝一口水；对方的眼睛向窗外看了看，你也不妨向窗外看一看，让对方在潜意识里认为你们是同频率的，这才是倾听的最高级别。

前面提到的这些方法，如果有合适的场合，大家不妨留心尝试一下。

小结

　　一位倾听高手，往往是一位润物细无声的"催眠"高手，在语言上、动作上，无不让你觉得我们是同频的。真正的表达高手，有可能不是说话高手，但一定是倾听高手。

第 4 章

思维工具篇
—— 培养表达思维和逻辑思维

▶▶▶▶▶▶▶▶▶

无论是在商业中,还是在生活中,人们几乎每天都要说话,这也是表达。因此,我想通过这一章帮助大家提升一下逻辑思维能力和语言表达能力。

60 矩阵思维

> 矩阵思维,简而言之,就是让你学会用"更立体"的思维思考并输出自己的观点。

矩阵思维

用最简单、最形象的方式表示矩阵思维,就是想象一下数学中的数轴图,即有 x 轴和 y 轴的坐标系,矩阵思维的意思是每一次表达,你都应该尝试把你要表达的要素,拆解成两个不同的维度,然后用一个矩阵把它表达出来。

指导意见

之所以谈到矩阵思维,是因为矩阵思维与我想讲的表达方式有联系。两个人之间的表达一定要谈到观点,一个没有观点的表达会让听者根本不知道你想讲什么。观点分为三类,分别是一维观点、二维观点和多维观点。

- **一维观点**

"管理者要具备较强的统筹能力,才不会让自己身陷琐事而不能自拔。"这就是一维观点。一维观点是用来表达一个高度概念化的东西。比如,管理者要具备较强的统筹能力。在这句话中,我把管理者的能力概括成一个词叫统筹,我只用一个词来形容,这就属于一维观点。

- **二维观点**

如果我把上述那句话换一下,改成"管理者除了要有较强的沟通能力,还要有抽象化的能力,才不会让自己总陷于烦琐的事务当中"。这就属于二维观点,它包含了沟通和抽象化两个要素。

- **多维观点**

多维观点就是在一句话中包含的要素大于等于三个。比如,"管理者不仅要具备沟通和抽象化的能力,而且要善于处理人际关系。处理好人际关系,可以帮助放大前两个能力的效用。"这就属于多维观点。它包含了三个要素,沟通、抽象化以及人际关系。

在生活或者工作中,我们会经常说一维观点,但是往往发挥不了多大作用。原因是：一维观点的指向很单一，而且一维观点很容易引起他人的误解。就像统筹能力，每个人对统筹能力的理解是不同的。

多维观点往往更多见于学术报告或者理论性较强的研究当中，而生活中更实用的是二维观点，即把一个变量换成两个不同维度且更容易理解的变量。

大家听过时间管理吗？把事情分为重要的和紧急两个维度。然后再细分为有些事情重要且紧急，有些事情重要但不紧急，有些事情紧急但不重要，有些事情不重要也不紧急，这是时间管理当中非常经典的轻重缓急方法。如下图所示。

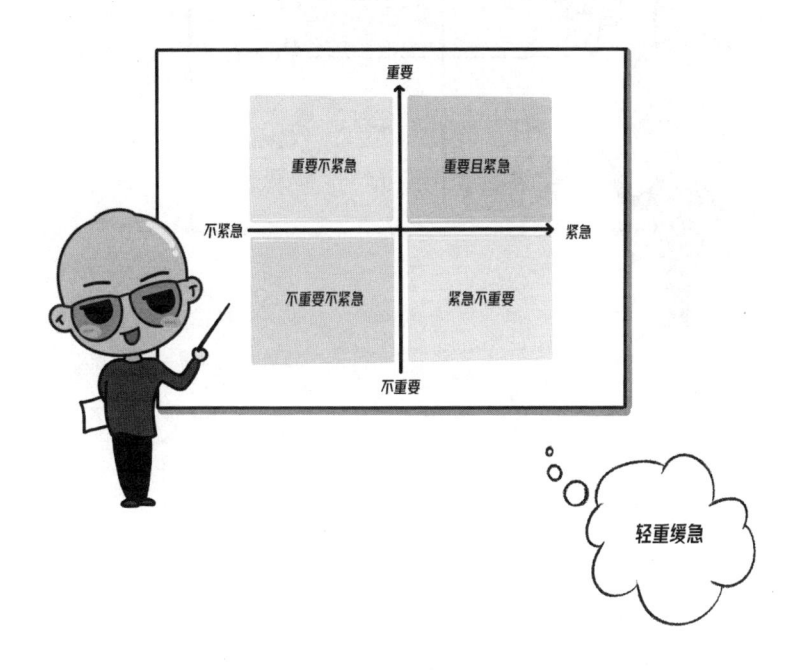

前文我给大家分享过一本书叫作《幸福的方法》，里面谈到了一

个公式：

$$幸福 = 快乐 \times 意义$$

幸福本来是个抽象的词，该书把幸福拆解成两个要素：快乐和意义，更能让读者读懂此书的中心思想。如下图所示。

通过上图你可以发现，生活和工作中，往往能成为经典的观点都是由两个要素构成的。就像幸福的含义，不同的人对幸福的理解是不同的，可是当我们把幸福拆解成快乐和意义的时候，也许我们对幸福的理解就能够更立体了。

大家想象一下，若把横轴叫知识，竖轴叫思维。这样你是否就能够构建出一个看似很复杂，其实很容易就能表达清楚的观点了？就像下图所示。

知识和思维

小结

大家可以尝试把要表达的要素拆解成两个更容易理解的因素，然后用一个矩阵的方式把它表达出来。通过两个要素构建出四个象限，能够把想表达的观点变得更立体化以及更有深度，这个方法大家不妨尝试一下。

61 汉堡包模型

> 我想与大家分享一个表达方法叫作"汉堡包模型"。汉堡包有上下两片面包和中间一块肉,重点虽是肉,但是如果没有上下两片面包,肉也就显得没有那么好吃了。
>
> 我把一个表达的模型比喻成汉堡包是有原因的,接下来我给大家举个例子,然后我们再来做个简单的总结。

举例分析

几乎每个人都听过《狼来了》的故事,我还特地找了一下《伊索寓言》里面《狼来了》的原版。下面是故事内容。

从前有个放羊娃,每天都到山上去放羊,有一天他觉得十分无聊,就想捉弄一下大家寻开心,于是他就向山下正在种田的农夫们大喊:

"狼来啦！狼来啦！救命啊！"农夫们听到了喊声，立马拿着锄头镰刀往山上跑，他们边跑边喊："不要怕，我们来帮你打恶狼。"但当农夫们气喘吁吁地赶到山上一看，连狼的影子都没有。放羊娃哈哈大笑："真有意思，你们居然上当了。"农夫们非常生气地走了。

第二天放羊娃故伎重演，善良的农夫们又冲上来帮他打狼，可是依然没有见到狼的影子，放羊娃笑得直不起腰。大伙对于放羊娃接连的说谎十分生气，从此就不再相信他说的话了。

过了几天狼真的来了，一下子就闯进了羊群，放羊娃害怕极了。他拼命地向农夫们求救："狼来啦，快来救命啊！"可是这一回，农夫们以为他又在说谎，所以大家都不理睬他，没有人去帮他。结果放羊娃的许多羊都被狼咬死了。

大家发现没有，我们一般都是按时间顺序来讲故事的，可是如果换成用汉堡包模型来讲呢？

汉堡包分三个层次，上下两块面包和中间的一块肉。中间的肉，其实就是整个故事最重要的部分。下面我们按照汉堡包模型来拆分一下《狼来了》这个故事。

有一个村庄，山上经常有狼出没，所以村民们约定，有危险大家要互相帮忙，这群善良又朴实的村民，每一次都齐心协力地把狼赶跑了。这是上层面包，描述的是过去村庄和谐的景象。

有一天，一个放羊娃在放羊时，狼突然来了，一下子闯进了羊群，放羊娃害怕极了，他向农夫们求救："狼来啦！狼来啦！快来救命啊！"可是善良的村民，没有一个人理睬他。后来放羊娃的很多羊都被狼咬死了。这是下层面包，描述的是最后的结局。

上层面包描写了人们都很善良，互帮互助；下层面包描写了有一个放羊娃，他的羊被狼咬死了。

这种落差就引出了一个问题——到底中间发生了什么？而中间发生的事情恰恰就是这个故事的重点。

大家可以这样理解，上层的面包叫作前置情景，下层的面包叫作后置结局，前置情景和后置结局形成了冲突。一个故事，一定要有冲突才能叫作故事，否则只能叫作事情。

要想把一件事情讲成故事，就要让大家知道前面美好的前景，以及最后的结局。结局跟最初的前景有冲突，人们的好奇心才能被调动起来。

这个方法同样可以用在工作中，领导可以换一种方式来讲事情，先讲前置情景，接下来讲后置结局，有了落差后再引出问题，而这个问题就是要探讨的重点。

小结

汉堡包模型在相声中叫作抖包袱，当我们给别人讲故事，或是给别人讲一件事情的来龙去脉时，不妨用汉堡包模型，也许你的表达会更跌宕起伏、引人入胜。

62 非暴力沟通

> 事实、感受、需求、请求，是四个简单又有魔力的词语。如果你能清晰地理解这四个词的要义，并且灵活地组合和应用，可能你会惊讶地发现：生活中一大半的误会就此消失了。

不知大家是否读过一本书叫作《非暴力沟通》，书中谈到了一个很核心的表达模型，这个模型分为四个步骤：描述事实、说出感受、提出需求、表达请求。运用好这四个步骤，可以帮助我们把生活中很多暴力沟通有效地转化成非暴力沟通。

那么这四个步骤中哪一个是最难的呢？事实上，最难的是第一步：描述事实。有些人会感到奇怪，描述事实并不难啊，但是大部分人描述的其实并不是事实，而是自己的想法或是自己的评价。比如：这个教室很热；这个房间有点凉；你最近经常迟到。句子中的"热"和"凉"是形容词。而"经常"这个词是可以争辩而不可量化的——到底什么叫"经常"？

生活中，人们总喜欢在话语中加上形容词，总在不经意间说一些容易引发争辩的词，比如经常、总是、不时等。这些词会让我们的沟通变成暴力沟通。当我们在描述事实时掺杂了自己的评论，就叫作暴力沟通。因为我们总想用自己的想法评判别人。所以我们要注意，描述事实时要包含两个要素：不含形容词以及不可争辩。

若你要进行一次有效的非暴力沟通，第一步就是要做到描述清楚事实，只要描述清楚事实，你的整个表达几乎就成功一半了。

那么如何清楚地描述事实呢？比如："这个教室的温度为32 ℃"。这句话就不含形容词，描述的是一个准确的温度，而且又不可争辩。再比如："老王，今天是周四，这一周你已经迟到三次了，而且每次迟到都超过了半小时。"这也是一个事实，不可争辩、不含形容词。

事实描述清楚了，接下来就是第二步，说出你的感受。比如老王迟到了这件事，给你带来什么感受？

接着是第三步，提出你的需求。你之所以会有某种感受，一定是因为你有某个需求被满足了或者未被满足。需求被满足了，你的感受就是正向的；需求未被满足，你的感受就是负向的。所以要提出你的需求。

最后是第四步，表达你的请求。因为对方对一件事情的做法跟你的期望不太一样，所以你想跟他好好沟通一下，若沟通得好，你们离目标就会越来越近；若沟通得不好，你们不仅离目标越来越远，甚至彼此的关系都会因此恶化。

非暴力沟通通常用在这样的情况下：当别人的做法跟你所期望的做法不太一样时，这时你不想表扬他也不想批评他，只是想跟他沟通一下你的想法，并且强调一下彼此应该有共同的目标。

举例分析

假设你因为某一项表现突出而被提拔为一个团队的主管，但你的经验并不足，而团队当中有一个老员工叫老王，他的工龄远远比你长，却没有被提拔，成了你的下属。老王对你当领导有点不服气，所以从你当领导开始，他就有意无意地迟到，这一周他已经迟到三次了，请问当你和他谈话的时候，你要怎样说呢？

第一步，你需要描述事实。你可以告诉他："老王，今天是周四，这周你迟到了三次。"不要再加类似"我觉得你态度不太好""我觉得你有点不太支持我的工作"这样的言论。一旦在事实中掺杂评论，你们之间就有可能变成暴力沟通，因为评论，都是可以争辩的。若你开始谈话的内容是可以争辩的，那后面你说什么别人都听不进去了，因为对方会只想着争辩，所以第一步只说事实。说完事实后就可以照我前面说的，继续说感受，然后说需求，最后表达请求。

下面我完整地示范一下，遇到这种情况，你应该怎样进行沟通："老王，今天是周四，这一周你迟到三次了，而且每一次你都迟到超过半小时（描述事实）。我觉得有点失望（说出感受）。我刚成为这个部门主管没多久，你也知道我的经验不多，你是我们部门唯一一个工龄十年以上的老员工，我特别希望你可以支持我的工作。如果你能支持我，我们团队未来的业绩会更好。我的工作很需要你的支持，因为你的经验比我更丰富（提出需求）。所以老王你看这样可以吗？从下一周开始，如果你要请假，麻烦你提前一天给我发个邮件，如果实在来不及发邮件，可以早上在部门群里给所有人发一下你今天的行程报备（表达请求）。"

表达请求时要提得足够具体，要让别人知道你的期望是什么。千万不要说"老王你以后能不能尊重我一点"，不同的人对尊重的解读不一样，不要说这种不具体的话。另外提需求和提请求一样，都要表达得足够具体。

小结

非暴力沟通的核心有四点：事实、感受、需求、请求。若大家有兴趣的话，可以阅读一下《非暴力沟通》这本书。

希望在生活中，大家都可以有意识地运用非暴力沟通的表达方法，相信会对你的生活带来好的改变。

63 喂养机会，才能饿死问题

> 在表达中，有一个非常重要的原则叫作"喂养机会"。大家会觉得这个词有点奇怪，喂养小狗，喂养小猫，我们可以理解，但喂养机会是什么意思？我想结合一个话题来聊一聊，这个话题是：在工作中你要尽可能少问"为什么"。

上学时，老师总会告诉我们，碰到了问题，要探求一下原因，然后再去解决这些原因，把这些原因都解决完了，要重新衡量一下这个问题是否还在。如果问题已经解决了，我们可以继续往前走；如果只解决了部分原因，事实上问题还在，那可能是解决得不够彻底，我们要回头追溯一下原因，直到把所有根本性的原因都解决完了，我们才能继续往前走。

所以很多人养成了一种固有的思维方式，一碰到问题，就喜欢问为什么。比如，为什么你不喜欢他？为什么把桌子搞这么乱？为什么你不能按计划实现目标？为什么这个客户不跟我们签合同？为什么这个客户会投诉你？事情为什么会这样？大家回想一下，生活中，我们是否经常被问很多类似问题，是否也不过大脑地问了很多为什么？

上述的行为可以称为传统的教育主义，即告诉我们要发现问题，找到原因。但是在当今这个时代下，你会发现越来越多的问题其实根本没有确定性的原因。

这个时代变得越来越不确定，大家应该还记得我在前文谈到的VUCA时代，VUCA时代就是越来越复杂、越来越不确定的时代。在工业时代，一台机器坏了，问题跟原因是相对应的。可是当下这个时代越来越复杂了，我们每天要面对的事情越来越不确定，我们很难为一个问题找到一个精准的、确定的原因。甚至我们在无意识地追求原因的过程中会找一堆借口，而误以为这些借口是真实的原因，因此花掉了很多时间。

那么我们该怎样改变这样的现状呢？我想给大家一个新的思路，那就是少问一些为什么，多问一些怎么办。换句话说就是少问过去，多问未来；少问问题，多问机会。因为问题是基于过去的，机会是基于未来的。

所以，不要问一个人，"你为什么不能按计划实现目标？"大家想一下，当你问完这个问题后，他肯定在想之前自己做了什么，并且为了保护自己，他会找很多看似有理有据的借口，把自己完美地保护起来。你也许能得到一堆原因，可是里面有很多是借口。

但是如果你换一种方式问他，例如，"既然事情已经这样了，接下来我们应该怎样做才能更快地完成目标？"大家能听出这两个问题背后的本质区别吗？前一个问题会让人们的大脑回想过去；后一个问题，会让人们的大脑想未来。两个问题稍微转变一下，会让听众的思路朝着完全相反的方向发展。

大家想一下，为什么要喂养机会呢？假设你养了两盆花，你给花分别取了名字，一盆花叫作"问题"，另一盆花叫作"机会"。你每天的精力是有限的，照顾花、给花施肥的时间是有限的，请问这种情况下，你希望哪盆花长得更茁壮呢？

我想所有人都会回答，希望那盆叫"机会"的花更茁壮。当你的精力、时间有限时，你能做的事情就是喂养机会，饿死问题。

当你把更多的时间跟精力投入去探讨机会的时候，那么问题自然而然就解决了。不要花很多的时间去追究问题，因为你只能得到一些貌似是理由的借口，若我们用这些时间去寻找机会，会找到更多方法。

喂养机会，才会饿死问题。大家在教育孩子的时候也可以尝试一下这个方法。不要总问孩子一些过去了的问题，比如"为什么你又考不及格了"之类的问题。你不妨问一下孩子，"你觉得接下来这一个月，你和爸爸妈妈可以一起做些什么事情才能提高你的成绩呢？"这句话一说完，孩子不仅压力小了，而且所有的注意力都会聚焦在接下来要做什么事情上，而不是要如何找借口来逃避责任。

小结

没有过去，只有未来；没有问题，只有机会；这是一个问题解决型人才要具备的重要观念。

64 多鼓励少表扬

> 大家有没有考虑过表扬和鼓励有什么区别？这两个词都是对一个人的夸奖，甚至很多时候我们认为这两个词表达的是同一种意思。
>
> 但是大家不要小看这种不大的区别，很多时候不大的区别对事情能产生截然不同的结果。所以，我给大家分享一个观点，叫作"多鼓励少表扬"。

实验分析

我先给大家描述一个实验，希望描述完实验后，大家立马能有行动上的改变，而也许就是这一个小小的改变，能对你的下属或者孩子产生深刻的影响。

斯坦福大学著名的心理学家卡罗曾用了十年时间，对纽约20所学校近 400 名五年级学生进行了研究。

卡罗找来一批学生，把这些学生分成两组，然后做四轮实验。第一轮实验，两组学生参加一个非常简单的拼图任务，因为拼图很简单，所以两组学生的表现都不错。学生表现得好，老师夸奖他们，但老师对两组学生采用了不同的夸奖方式。

第一组学生完成了拼图任务，听到的是关于努力的夸奖，也就是关于过程的夸奖。比如：你们刚刚一定非常努力、用心，所以你们表现得很出色。

第二组学生完成了拼图任务，老师给了他们关于智商的夸奖。比如：你在拼图上很有天分，你很聪明，你的智商很高，你很厉害。

大家觉得哪一种方式叫表扬，哪一种方式叫鼓励呢？心理学家把第一种针对努力的夸奖叫作鼓励，把第二种针对智商的夸奖叫作表扬。

相信大家现在能理解了，鼓励针对的是努力的过程，表扬针对的是最后的结果。后来实验人员发现，第一轮实验的两组学生，仅仅因为夸奖的方式不同，在接下来的三轮实验中，所有表现都不一样。

第二轮实验，实验任务有两种不同的难度，两组学生可以自由选择参加哪一种，一种比较难，另一种跟上一次一样简单。没想到，第一轮被夸奖努力的孩子有 90% 选择了难度较大的任务，而第一轮被表扬聪明的孩子大部分选择了简单的任务。

被夸奖努力的孩子更愿意接受挑战，选择难度较大的任务；被夸奖聪明的孩子反而选择了比较简单的任务。也许被夸奖聪明的孩子，担心自己选择比较难的任务后，若自己做不出来，就好像说明自己的智商不高了。

第三轮实验，两组学生同时参加一个测试，这一次的测试题目特别难。老师故意出了一道学生做不出来的难题，结果可想而知，大部分的孩子都失败了。第一轮被夸奖努力的孩子虽然失败了，但表现得很从容，甚至会表达自己喜欢测试，并且认为答不出题是自己努力不够。而第一轮被表扬聪明的孩子，在测试中一直很紧张，确认自己做不出题目后显得很沮丧。

接下来是第四轮实验，第四轮的测试题目又跟第一轮一样简单了。在这次实验中，第一轮被夸奖努力的孩子，经过了第三轮的挫败，但在这一轮中，他们的平均成绩提高了 30%。而第一轮被表扬聪明的孩子，经过了第三轮的挫败后，在这一轮的状态似乎没有调整回来，他们的平均成绩下降了 20%。

小结

鼓励是夸奖人的努力用功，会给人一种可以掌握自己的感觉，成功与否全掌握在自己手中。而表扬是夸奖人的聪明、天赋。相当于告诉他人成功不是自己能掌握的，这种人面对失败时往往会更束手无策。

鼓励通常针对态度和过程，表扬通常针对结果和成效，多鼓励，多去肯定别人的过程态度以及过程中的努力，不要一下子就表扬别人的智商，说别人聪明。

大家可以把多鼓励、少表扬的方法用在生活中。比如，你给下属安排一份工作，下属做得很好，你在夸奖下属的时候，不要简单地表扬，可以多用一点鼓励的话语，称赞他工作的过程。

我们在鼓励孩子的时候，也不要直接说你真厉害、你真聪明，而应该说出孩子努力的过程中厉害的地方是什么。比如正是因为他很用心、很努力，所以他表现得这么好。也许这样的鼓励对孩子的影响会更深远。

希望大家看过上述内容能够立马实践，你会发现这能给你的生活带来很大改善，实践结果也许会超出你的预料。

65 整体性诉求

> 人类大脑的"适应性反应"包括两种：倦怠反应和知觉整体性。恰当地使用"知觉整体性"，也就是接下来要讲的"整体性诉求"，可以帮助你更好地调动大脑的活力。

想要引起对方的兴趣，其实就是要引起对方大脑的兴趣，所以大家要知道一些关于大脑的天然属性，大脑喜欢什么、不喜欢什么，你都要了解一下。这样，你想引起他人注意的时候，就能有一些套路和方法。

人类的大脑有一个特征，这个特征叫作适应性反应。适应性反应分为两种，分别是倦怠反应和知觉整体性，"知觉整体性"也就是我要讲的"整体性诉求"。

倦怠反应

倦怠反应听起来略微有些学术化，但其实可以这样理解。倦怠反应就是你一直盯着一个字看，过了一会儿就会突然觉得这个字有些奇怪，好像从来没有见过，或者感觉是个错别字，你看得越久这个字感觉就会越陌生，这就是倦怠反应的表现。

知觉整体性

知觉整体性就是人们会根据自己的知识经验，对刺激物进行习惯性的加工和处理，让我们整个认知的知觉保持完备，因为大脑对整体性的需求特别强烈，面对缺失的东西，大脑会非常难受，并自行补充。

漫画家在作画时，只要抓住事物的关键点跟关键部分，不用画得特别细致，甚至连比例都不用准确，人们就能够看出他画的是什么。比如：漫画家画一只青蛙，眼睛大大的、身体小小的，只要漫画家把所画物的关键特征掌握住了，你就能看出来他画的是青蛙，因为大脑会自动将它认为有缺漏的细节补上，这是大脑的一个很重要的原始诉求。

我们怎样利用大脑的这个特性，来引起对方的兴趣呢？大脑的原始诉求，能带给我们哪些好处呢？我先讲两个名词，一个叫作"洞"，一个叫作"坑"。人们要学会制造知识的坑，而不要留下知识的洞。之所以是坑，是因为坑是比较小的东西。大家千万不要小看知识的坑，学会制造知识的坑，你就能够引发别人的好奇心。

比如：我问你中国有多少个省级行政区？正确的答案是中国有34个省级行政区，其中有23个省、4个直辖市、2个特别行政区、5个自治区。

假设我让你说出省级行政区的名称，你说了33个后，还有一个你想了好久就是想不出来，此时你会有怎样的感受？你肯定很想马上知道最后一个省级行政区是什么，因为就差最后一个说不出来，这会让你很难受。这就叫作知识的坑，留下的坑越小，大脑填平它的欲望就越强，因为就只差一个答案就完整了。大脑的完整性诉求特别强，所以当你怎么想都想不出来时，就会立马拿起手机查一下，查完之后，这个省级行政区的名称就会在你的大脑里留下深刻印象。知识的坑，往往会调动大脑填平它的欲望，而且这个欲望特别强烈。

可是，如果我把这道题换一下，非洲有多少个国家？正确的答案是非洲有53个国家。若我让你把这53个国家的名字说出来，我想你大概只能说出几个经常听的国家名字，比如埃及、利比亚、埃塞俄比亚、赞比亚等，但还剩下几十个你可能怎样都说不上来。请问这个时候你去查那几十个国家的欲望会很强烈吗？相信大家已经发现了，当你留下的知识的洞越大的时候，大脑去填平这个洞的欲望就越不强烈。

小结

大家明白了这一点，就应该知道，如果你想给别人讲一个重点，你要把重点提炼成重中之重，然后再把小坑留出来，人们的好奇心与欲望就会特别的强烈。

而一旦坑变成洞，缺口越大，人们把这个缺口填平的欲望反而就没那么强烈了，因为这已经不是一个坑了，而是一个洞，填平一个洞，需要调用大脑太多资源，反而调动不起大脑的兴趣。

因此不要给大脑留下一大片无知区域，而要留下最重要的一个小坑，让大脑好奇、感兴趣，这样大脑才会被调动。

通过上述描述，你就能知道，有些时候不懂的内容越多，知识缺口越大，人们越没有兴趣了解，而知识缺口小，人们就特别有兴趣把那一点补齐，这叫作大脑的整体性诉求。

若你知道大脑有这些天然的属性，是不是会帮助你在表达方面起到四两拨千斤的作用？

66 时间线

> 时间线是一个通用并且好用的表达结构，它其实很容易理解。以时间发展顺序的角度来看：过去、现在、未来是一种方式；很久之前、不久之前、前段时间是另一种方式。
>
> 时间线可以用于很多场合。比如：年底公司开会时的讲演、参加同学会时的发言。这种表达结构，特别适合用在比较宏大的角度，以及比较宏大的格局的讲述中。

指导意见

如果我们每次讲话，谈的都是过去怎样、现在怎样、未来我们期望怎样，从结构上来说，虽然没有错误，但如果仅仅是因为时间线而用时间线，那整个表达就会显得特别枯燥，所以我认为有几点大家需要注意一下。

● 第一，在用时间线的过程中，要抓住经久不变的东西

比如一个领导在年底公司聚会的时候发表演讲，说了十年前公司发展怎样，现在我们发展怎样，未来我们期望是怎样的。那么在这个过程中，一定要抓住自始至终一直没变的是什么，一直坚持的是什么，是什么支撑着公司不断地发展。也就是说演讲时要有一个主线贯穿其中。

● 第二，在用过去、现在和未来的时间线时，除了抓住一个不变的东西，还应谈到在不变之外发生了哪些转变

你会发现演讲高手很擅长用过去、现在和未来的这种时间线结构，但是他们一定会谈到，不管什么时候，我们都要永远坚持某些东西是不变的。这就是我们前面说到的，贯穿过去、现在、未来永远不变的东西。

这些演讲高手还会谈到过去、现在还有未来一直在做的某些转变，比如，一直在适应市场，一直在尝试的某些挑战。

这些转变为未来的我们带来了怎样的期待；这些转变让我们的过去和现在有了哪些不同；过去哪个不变的因素带来了现在的稳步发展；有哪些变化给我们带来了不断的提升以及不断的进步。

一个人在用时间线来表达想法的时候，背后一定要涵盖自己的信念和价值观。信念是个不变的东西，价值观可能会因为经历发生转变。在表达中，时间线是个结构，你要通过表达传递出你的某种信念，传递出你的某种价值观，人们会因为信念而跟你聚合在一起。

大家可以尝试一下这种方法，当你去参加同学聚会，每个人都需要上台发言时，你不妨用这个结构打个腹稿，你会发现自己的思路会清晰很多。比如：过去我们在大学里面怎么样，现在我们各自有家庭、

各自有工作，未来我们期望大家怎么样，但是无论是过去，现在还是未来，永远不变的是我们同学之间的感情，是我们同学之间的信任，是我们一起有过的很多回忆。当然每个人也都在各自的工作领域中发生着转变，希望大家可以越变越好。

你会发现一段三五分钟的表达很轻松地被呈现出来了，而且这段表达既不会过于肤浅，也不会过于深入。更重要的是，这段话能够带动所有人去回想过去、思考当下、构想未来。当所有人都能基于一件事情产生共同想象的时候，共鸣就产生了。

小结

如果未来有些场合，你想不到用什么结构来呈现你的即兴表达，那你不妨尝试用一下时间线这个结构，相信它能给你带来帮助。

67 金字塔原理

> 我要跟大家分享一个在表达中很重要的原理,叫作"金字塔原理",其实有本书就叫《金字塔原理:思考,表达和解决问题的逻辑》,作者是芭芭拉·明托。

金字塔原理的原则

金字塔原理是一种层次性、结构性的思考,如果用一句话来概括就是:先说结论,再说论证这个结论的论据,概括成四个字就是结论先行。

当然我只是非常简单地描述了一下金字塔原理,完整的金字塔原理远远没有这么简单,否则芭芭拉·明托也就不需要通过一本书来论证这个原理了。

小学的时候,语文老师会让我们用因果关系的关联词造句,比如:因为今天下雨了,所以我带伞了。我们的思维方式是,前因才会导致后果。工作了之后，我们跟别人说话也习惯性地先说因为再说所以。

可是金字塔原理却告诉人们要养成一个新习惯，这个习惯叫作先说所以，再说因为。这是因为在工作场合中，时间是有限的，人们的注意力也是有限的。

当你跟领导汇报工作的时候，你能获取到领导的注意力是有限的，这时你可以先说结论，而且结论最好用一句话说清楚，然后来说支撑结论的几个理由，接着再说支撑每个理由的背后的事情。最后你会发现，支撑结论的有支柱，支撑每个支柱的又有小论据，这就构成了一个金字塔的形状，结论是塔尖，一层又一层的论据就是塔基。

大家可以想象一下，假设一个员工给老板汇报工作时，他说："老板，供应商那边反馈，明年开始原材料的价格可能要提升2%，还有广告部门那边反馈，我们从下个季度开始，广告的支出也需要增加1.5%。人力资源部做了一个测算，因为我们人员规模不断增加，所以明年我们用工成本可能需要增加1.3%。然后代理商反馈，明年我们需要给代理商提供更多的支持，比如装修补贴、物料补贴，所以这一块的测算我们也需要增加3%的支出。"

这个员工给老板汇报了这么多，但到此为止，老板依然不知道他到底想说什么，因为他说的是每一个方面的论据。

针对上文的情况，其实员工可以先告诉老板事情的结论，比如："老板，经过测算我们建议从下个季度开始产品的定价上调8%。"然后再说为什么产品定价需要上调8%。因为供应商的原材料价格提升，广告费用、用工成本增加，代理商需要更多的支持等。这些事情都是用来支撑这个结论的。

麦肯锡有一个30秒电梯理论。假设你需要用半小时跟客户讲你的整套方案，你跟客户预约好了时间，可是当你到了客户公司，却在电梯里跟客户碰到了。客户表示了歉意，他今天临时有一个很重要的会议，所以你们的约谈要取消了。可是乘坐电梯从十楼到一楼有差不多 30 秒的时间，因此客户让你在电梯里给他介绍一下你的方案。

你本来是需要花半个小时给客户介绍方案的，可是现在需要在 30 秒内把方案说清楚。这不仅需要你有非常强大的逻辑思维能力，更重要的是需要你把最重要的事情说在前面，展开一个论点吸引客户，然后再来展开这个论点的论证。

指导意见

我给大家推荐一个工具，这个工具叫作思维导图，可以匹配金字塔原理的思维方式。

如果你不喜欢用思维导图工具软件，用纸也是一样的。你可以用笔在纸的中间写上你的论点，然后把这个论点不断发散，写出支撑这个论点的论据，支撑这些论据的关键的事情等，以思维导图的形式呈现。

我在做咨询工作的时候，最喜欢用思维导图把自己的想法理顺，它能把你的很多想法变得结构化，让你的思路更清晰。

68 SWOT 分析法

> 我要与大家谈一谈"SWOT 分析法"。SWOT 分析法，还有一个名称叫作"态势分析法"，是对于自己当下所处的态势进行分析。

SWOT 分析法

SWOT 分析法是 20 世纪 80 年代初美国旧金山的管理学教授韦里克提出的。SWOT 分析法中，S 代表优势，W 代表劣势，O 代表机会，T 代表威胁。

我想着重谈一下 SWOT 分析法的应用。我在做咨询的过程中发现很多人都会用 SWOT 分析法，但他们只是用这个分析法做简单的分析，并没有把它用到实际的策略上，我认为这仅是对 SWOT 分析法的一个比较浅层次的理解。因为 SWOT 分析法除了可以用来分析，更重要的是分析之后我们要形成对策。我们来看一个示意图。

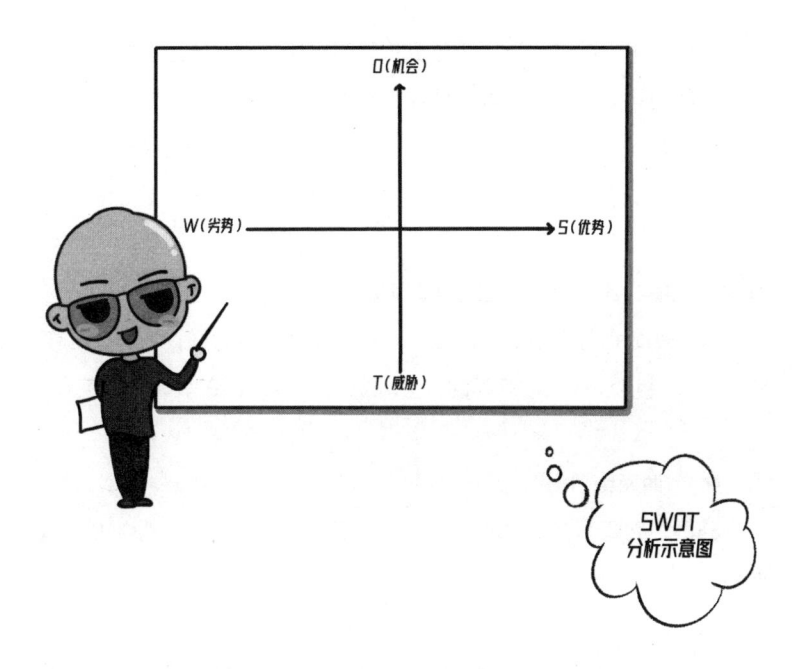

我先来简单解释一下 SWOT 分析法。SWOT 分析法中，S 和 W 即优势和劣势，是相对于内部而言的；而 O 和 T 即机会和威胁，是相对于外部而言的。也就是说，要理清自己内部有哪些优势、哪些劣势，外部环境存在哪些机会、哪些威胁。

举例分析

下面我举个具体的例子，然后我们看一下怎样运用 SWOT 分析法进行分析和应用。

例如，我针对自己做了个分析：我的优势是表达能力很好，劣势是写作能力不太好，这叫内部的优势和劣势。

现在有一个机会，公司有一个重要的岗位空缺，让大家报名竞聘。这是我等了很多年的岗位，如果竞聘上我就可以成为一个更高级别的管理者。但是很多人都在竞争这个岗位，而且竞争这个岗位的人都很有优势，他们各有千秋，这是我的威胁。

以上就是我对当下形势的分析。优势，表达能力好；劣势，写作能力不好；机会，有一个竞聘的机会；威胁，很多人都在争取这个机会。

- "两两组合"

分析之后要学会做"两两组合"，把这四个方面的因素中进行两两组合，然后形成接下来应对的策略。

第一，优势和机会结合。这次竞聘需要一个表达能力好的人，而这个机会又跟我的优势是对应的，我的表达能力很好，因此我可以采取增长型策略。

增长型策略就是优势与机会相结合。我一定要抓住这个上台表达的机会，这既是我的优势，又有助于我把握这次机会，因为这次竞聘需要表达能力好的人，领导也说，这个岗位表达能力好的人占优势，所以我的优势跟机会结合了，这就是我采取增长型策略的原因。

第二，劣势和机会结合。若岗位明确要求，写作能力要好，那么这个竞聘机会对应的就是我的劣势。我要采取的策略就是扭转型策略。

扭转型策略的意思是，虽然我短时间内不太可能提升整体写作能力，但是我可以在短时间内提升写句子的能力，在自身劣势中寻找一个短期最有可能突破的方法，这是扭转型策略。

第三，优势和威胁结合。这次竞聘刚好需要的是表达能力好的人，这虽然是我的优势,但是这次参加竞聘的人表达能力都很好,甚至有些人的表达能力在我之上,这就代表我的优势对应着威胁。因为威胁到我的人,跟我的优势是一样的,所以要采取防御型策略。

防御型策略就是,在我的优势之上,我要采取一个防御措施。比如:除了上台演讲,我还要发挥我的另外一个小优势,我擅长制作精美的PPT,因此我会认真准备,甚至请外面的专家帮我来做。这样我跟其他竞聘的人竞争时,除了发挥我的表达能力好这一优势外,我制作精良的PPT也能为我的优势构建一道防线,这就是采用了防御型策略。

第四,劣势和威胁结合。竞聘的岗位需要的是写作能力好的人,这次参加竞聘的人很多都是写作能力好的,而我的写作能力又不好,这是我的劣势。不仅有劣势,竞聘这个岗位的人有很多,这也存在威胁,所以面对这些我要采取多元化的策略。

多元化的策略就是,因为我的表达能力好,在竞聘之前,我可以在公司内部主动发起一个表达兴趣小组,用这种方式来扩大我在公司内部的影响力,提升我在公司内部的话语权,让领导注意到我,我竞聘成功的机会就会更大,这叫多元化策略。

小结

优势与劣势,对应的是内部;机会与威胁,对应的是外部。这四种因素可以分别组合,并且我们可以根据组合采取不同的策略:优势和机会结合时采用增长型策略;劣势和机会结合时采用扭转型策略;优势和威胁结合时采用防御型策略;劣势和威胁结合时采用多元化策略。

SWOT分析法不仅可以用来分析,还可以帮助我们制定策略。我们分析之后要就优势机会、劣势机会、优势威胁、劣势威胁做"两两组合",通过内部跟外部不断组合,生成自己新的应对策略,这叫作分析过后的应用,否则纯粹的分析发挥不出SWOT分析法的作用。

69 MECE 分析法

> MECE 是一个在逻辑思考范畴中比较专业的词，但说起来其实很简单，中文的意思是：完全穷尽，彼此独立。

"完全穷尽"的意思是，你在描述一件事情的时候，要把它完全穷尽地描述出来。"彼此独立"的意思是，你所描述的事项中的每一个子项目之间不存在交集。换句话说就是"不遗漏，不重叠"，不遗漏代表的是完全穷尽，而不重叠代表的是彼此独立。

对一个非专业的咨询顾问来说，即使对 MECE 分析法没有非常专业的研究与分析，他也能在日常与人交流，或者做一些工作和生活分析的时候，很好地使用 MECE 分析法。

比如：我让你列举一下我的房间里有什么东西。你可能会说，有电脑、桌子、椅子、杯子、一盆花、地毯、鞋子、电视、床，还有窗帘和玻璃，等等。你会把能看到的东西都列出来。但是若让你复述一遍，你是很难按照顺序再说一遍的，甚至会有遗漏。而作为听众，听完你的列举后，基本是记不住你说的东西的。

这是因为你的方法完全是"简单列举"，也就是看到什么就说什么，或者是想到什么就说什么，毫无结构。

如果使用 MECE 分析法，就是描述一件事情要完全穷尽，而且彼此独立，那么可以这样做：这个房间里的物品包含可移动的和不可移动的。虽然只分两类，但可移动和不可移动就已经是完全穷尽的分类，且彼此不存在交集。之后，可以思考可移动的物品中包含硬的材质和软的材质；而不可移动的物品中也包含硬的材质和软的材质。之后以此类推。当然这只是其中一种方法而已。

按照层层递进的分类，你就能够把这个房间的东西不遗漏而且毫无交集地描述出来，每个分类完全遵循金字塔原理中的结构性思考方法，以及金字塔原理背后的 MECE 原则。

不知大家是否留意，在商业中，凡是好的方法和工具都遵循了 MECE 原则。我们之前谈到的 SWOT 分析法中的优势、劣势、机会和威胁，就是完全穷尽、彼此独立的。矩阵思维以及营销时对产品、价格、渠道、促销以及战略分析等，都用到了 MECE 原则。凡是成熟的理论模型都是完整的、严谨的"MECE"。

既然 MECE 思维应用这么广，那么我们培养自己的 MECE 思维就很重要了，我想给大家提一个建议，这个建议看起来虽与 MECE 思维无关，但我觉得它非常重要。那就是一个人在大学毕业进入社会参加工作之后，如果在工作几年后还有时间的话，不妨再回头看一看教科书。

也许我们在念书的时候，很不喜欢教科书，认为教科书无聊、枯燥，教科书里面写的都是一些干巴巴的内容。可是凡是教科书中的内容，其分类以及流程都是完整的，内容也是经过无数科学推导的完整成熟的知识体系。

有句话叫"百战归来再读书"。工作几年后，当你对生活和商业有了一些基本的理解，不妨再回过头来看一看管理和营销类的教科书，这也许能够帮你构建一个完整的知识架构，然后把工作之后获得的很多零碎的知识填充进去。

小结

借助MECE概念我谈了关于教科书的一些想法，希望这个方法能够让大家在思考上更有条理。

我们经常说，一个人要不断地构建自己的知识架构。其实最完整的知识架构就来源教科书。工作之后我们有了阅历，有了实际体验和实际操作，就能把这些知识补充进我们的框架中。

所以"百战归来再读书"，我非常建议大家再回去看一看那些完全符合MECE思维的教科书，然后把学到的知识补充到框架中，你将不断完善框架，构建属于你的知识框架和体系。

70 麦穗理论

> 我要和大家谈一个很有趣的理论,叫作"麦穗理论"。麦穗理论乍一听好像跟我们的生活没有太大关系,但这个理论确实能在生活中有效地指导我们做决策。

假设有人问你,如何选择最理想的伴侣。大部分人喜欢回答:"看缘分,缘分到了伴侣自然就来了。"

我们的思维方式是把很多问题归到悟性、缘分这些说不清楚的事情上,而很少为这些问题找到可以遵循的基本方法。

举例分析

"如何找到理想的伴侣?"这个问题其实并不是现代人提出的,

几千年前，古希腊哲学大师苏格拉底的三个弟子，就问过苏格拉底，要怎样才能找到理想的伴侣。

苏格拉底把弟子们带到了一片麦田上，然后给他们布置了一项任务，让他们每个人在麦田中选一支最大的麦穗，但是有一个要求，就是走过的路不能回头，错过了就错过了，并且只能摘一支麦穗。之后三个弟子分别进行了这个任务。

第一个弟子刚走了几步，就看到了一支很大的麦穗，他自认为这是最大的麦穗了，于是就迫不及待地把这个麦穗摘了下来，可是他越往后走，发现大的麦穗越来越多，所以最后他很遗憾地走完了全程，把最初摘的那个麦穗交给了老师，很显然他摘得的麦穗不是最大的。

第二个弟子看到了第一个弟子犯的错误，就汲取了教训。他走的时候左看右看，并不急于摘所看到的最大的麦穗。他边看边走，不知不觉竟走到了整个麦田的尽头。最后他不得不在麦田的边上挑了一个比较大的麦穗，可是他在这一路当中错过了很多更大的麦穗。

第三个弟子先把整个麦田分成三份，走第一部分的时候，他只看不摘，并在内心把这些麦穗分成了大、中、小三类，为自己设定标准。走第二部分的时候，他就去验证自己在第一部分设立的大中小的标准是否正确，是否需要把大中小的标准进行调整。最后到了第三部分，当他看到第一个符合前面标准中的大麦穗，就把麦穗摘了。摘的这一支也许不是整个麦田里最大的，但一定会是自己最满意的。

麦穗理论告诉我们，在社会中，你永远无法做出最优的判断，你能做的其实是符合自己认知水平的最满意的判断。这背后有一个基本的方法：先确定基本满意的标准，然后验证你之前的标准是否需要调整，最后当你碰到某个方案符合你的满意标准的时候，就不要再去寻找其他最优的方案，而是直接采纳这个最符合你满意标准的方案。

这种方式也能用到生活当中。前段时间我给刚入职的大学毕业生讲课，我在跟他们分享这个方法的时候说，你们刚来到这个城市，可能需要租房子。假设你想花十天的时间租到房子，但是你人生地不熟，这时你可以这样做：把十天的时间分成三段。前三天到处看房，但是不下手，对这个城市的房价，好房子和差房子的标准，以及租金有一个印象。也就是说用前三天，在你的内心对这个城市的房子设定一个标准。第四天到第六天，继续看房，然后验证前三天你定的标准是否需要进行调整。最后再用三天的时间，租下符合你的满意标准的房子，比如，性价比高、朝向不错、租金合适等。当你遇到时，你就立马出手，不再犹豫，这样也许你找到的这个房子不是最优的，但一定会是你满意的。

选车子的时候，也不妨借鉴一下这个方法。同样地，女生找男朋友也可以用这个方法。内心建立一下理想配偶的标准，然后去验证标准是否合适。最后若碰到一个符合你标准的男生就立马行动。当然他不一定是最优的男人，但一定会是基本符合你要求的男朋友。

小结

生活中，我们可以不去追求绝对最优的决策，但是可以花精力用自己的努力做出让自己相对满意的决策，而麦穗理论就是这样一个最基本的原则方法论，供大家参考。

71 批判性思维

> 什么是批判性思维？大家可能听起来有些陌生，若把它换成另外一个词，也许大家会更容易理解，那就是就是"独立思考"。批判性思维是这个时代人们谈的越来越多的一个词。
> 在信息泛滥的今天，一个人具备独立思考的能力是相当重要的，否则你就会像在大海中不知道方向而游泳的人，在茫茫海洋中盲目挣扎，最后溺水而死。

千万别把杠精当成批判性思维！关于批判性思维，让我们先从一个案例说起。

有一个报告显示，科学家跟踪调查了100位常年喝红酒的人，发现他们的平均寿命比普通人更长，所以喝红酒有助于延长寿命。

看完这个报告，可能会有一种人，他们想的是：

天天抽烟的人也有寿命很长的啊，怎么不说抽烟长寿呢？多活的那几年，说不定喝酒也让身体不好了。

这种人叫杠精！

同样看完这个报告，还会有另一种人，他们想的是：

100 位？这个数据样本量对这个结论来说够大吗？

如果不喝红酒，他们的寿命有没有可能还能更长一点？这个结论可证伪吗？

这种思考叫批判性思维！

我们提倡批判性思维，甚至高等教育的目标之一，也是要培养人的批判性思维能力。

但是却有好多人，把"过度批判"当成"批判性思维"。真的是太污辱这个词了。过度批判的人，那叫杠精，与具有批判性思维的人完全不同。

接下来，我用批判性思维的另外两个别名，帮你完成一次认知升级。

批判性思维的第一个别名，是"反思性思维"

批判性思维，批判谁？大家理所当然想的就是批判别人，难道还能是批判自己？但是恭喜你，猜对了。批判思维的正确使用方式就是"我批判我"。

别人说了一个结论，无论你信还是不信，你都要反思：

如果我相信，我选择相信的依据是什么？

有什么其他的可能是我没有考虑到的？

有可能这当中存在定义上的谬误吗？

如果我不相信，我选择不相信的理由是什么？

如果我来推导这个结论，我会如何推导？

这个原因的背后，有没有可能有其他的原因？

杠精思维是永远有一种"众人皆醉我独醒，尔等统统没我行"的莫名的优越姿态。而批判性思维反思的是我选择相信或不相信的理由和支撑是什么？

批判性思维有第二个别名，是"淘金式思维"

与淘金式思维相对应的是海绵式思维。

顾名思义，"海绵式"就是照单全收，"淘金式"就是在所得到的内容中，积极地寻找其中有用的部分，不是全盘推翻，也不是照单全收。

我给你一个装满泥沙的桶，你照单全收，这叫海绵式思维。你一腿踢开，这是杠精思维。

但如果你是用手中的小铲子，细细地找出其中的小金粒，拿走小金粒，倒掉泥沙，这就叫淘金式思维，也就是批判式思维。但这个过程是艰难而且需要耐心的。

听一堂课也好，看一本书也好，不要总是想办法去论证别人讲得有多么荒唐，这并不能证明自己的聪明。我们应该多问一问自己：

虽然我不完全认同他讲的内容，但其中有哪些是我可以在工作中开始尝试做的呢？

这堂课，我获得了哪些新知呢？

结合我的工作现实，这些内容里面，有没有哪一点对我有启发的？

虽然老师讲的内容和实际工作不完全一样，但是我可以如何修改一下，让这些内容变得更贴近我的现实工作呢？

拥有淘金式思维，会让你在信息的海洋中，过滤出对自己真正有帮助的知识。

小结

别把过度批判当成批判式思维，别把无知当成聪明。

不要因为"批判"二字，让自己成为鲁莽的评论者，这只是思考的最低层次。要学会反思自己，像淘金那样找到能为自己所用的知识。

72 大胆假设

> 我想问大家一个问题,一个好医生和一个差医生的区别在哪里?大家可以试想一下,然后回答这个问题。

在回答这个问题之前,大家想象一下医生给病人看病的流程是什么?比如:当你告诉医生自己头疼。医生听完患者头疼,他接下来会做什么呢?

患者说出症状后,医生会开始望闻问切,这是我们能看到的动作。可是在你告诉医生你的症状,以及医生开始望闻问切之前,医生其实做了一件很重要的事情,这个动作是我们看不见的,因为它发生在医生的大脑中。

医生会针对患者不舒服的地方,在自己的头脑中形成一系列完整的假设。当你告诉医生自己头疼,医生会结合他的医学知识以及行医经验,在头脑中想象你头痛可能的原因,并在脑海中列出一系列完整的假设，接下来才开始"望闻问切"。

他的每一个"望闻问切"，其实都是在验证自己的假设是对的还是错的，这叫作证实或者证伪，也是医生解决问题的逻辑。有些证实或者证伪，通过问问题的方式能查出来，而有些则需要通过仪器检测或者化验才能检查出来。

好医生与差医生的区别

一个好医生跟一个差医生的区别就在于，针对同一个症状，他是否能形成完整的假设。若你因为头疼去了诊所，诊所的医生治疗了很久，你也没有好，于是你就会想去大医院，因为你担心那个医生错诊或者漏诊了。

错诊和漏诊的意思是，医生在结合头疼这件事情上形成的假设不够完整，他可能只形成了三个假设，于是他不断地朝着这三个假设进行验证，不断去治疗。而一个好医生听到患者头疼时，他可能会形成30种假设，他能把这些假设验证得更充分，不错诊也不漏诊。

每当我们碰到一个问题时，不要急于下结论，我们要学会大胆假设，然后再针对那些假设，去进行小心地求证。

但是在生活中我们往往不是这么做的，我们总是不假思索地把自己的假设当结论。

比如：有一个人开了一家服装店，但是并不赚钱，于是他就让朋友们提些建议。有些人建议是地方不好、风水不好、地段不好，还有些是店里服装款式太少、灯光不好、服务员态度不好……

你会发现这些给他提建议的朋友都是想帮他，但是他们所说的每一个建议都是建立在假设的基础上——针对店不赚钱得出的假设。

而既然得出了假设，就要去求证，只有求证出这个假设是真实的，才能给别人建议，这才是负责任的建议。

生活中，我们很难要求别人做到小心求证，可是我们可以对自己有一个觉察，这个觉察就是不用每个人的建议都要听。

也许，所有人的建议都是没错的，可这些建议都是基于不同人的不同假设，如果你每一个建议都去照做，那么就代表你在不断地试错。尝试错误的精神可嘉，可是有些错误你一旦尝试，可能就万劫不复了。

在这里我给大家提两点建议：

第一，当你面对一个问题时，不要随便给别人建议。你要清楚，你给别人的建议，其实都是基于自己的假设，最后去大胆地假设是好事，但别忘了小心求证。

第二，当别人给了你很多建议时，你也别忘了，他也可能会把假设当结论，所以你要自己去验证他的假设，然后才可以尝试。

小结

"对症下药"是不对的，我们要学会"对病下药"。如果"对症下药"，那么所有的头痛都是吃止痛片，所有的发烧都是吃退烧药。可是每次发烧背后的原因是不同的，所以一定不要"对症下药"，而是要"对病下药"。而从"症"到"病"，中间隔着一个很重要的环节叫"大胆假设，小心求证"。希望这能对你有所启发。

第 5 章

经营篇
——能力决定发展前景

下面我们开始一个新的篇章——经营篇,在这一章里我将分享给大家关于职场策略方面的内容。

73 团队行话

> 团队行话的意思是，在一个团队里有某些语言，只有内部的人懂，也就是说，我说的一句话或者一个词，只有我们团队的人才能听懂。这些只有内部的人才能理解的词语，就叫团队行话。

我认为一个团队如果拥有属于自己的"行话"，那么这个团队的凝聚力在某种程度上会有所提升，大家能意识到我们是一个团队，我们有只有内部的人才懂的语言。

作为一个管理者，你在构建一个团队或者刚接手一个团队时，不妨有意识地在团队里构建某种团队行话，这能有效帮你提升团队的凝聚力。

那么，团队行话可以应用在什么场景呢？其实很多场景，我们都可以有意识地去构建我们内部的语言，比如，开会时，我可以说：我会以 AAR 为开场，以 NBA 为结束。在这里"AAR"和"NBA"其实就是一个团队的内部语言。

借助前面所谈的,我正好给大家讲这两个方法:一个叫作 AAR,一个叫作 NBA。这两个词在团队开会的时候,能够让你把一次会议做得有头有尾,有开场有闭环。

AAR

AAR 这个词叫作行动后反思,是用 After、Action、Reveal 这三个英语单词的开头字母构建出来的。行动后反思其实有个框架,它包含五个问题,分别是:我们的预期目标是什么;实际上发生了什么;我们的预期目标和实际发生的有什么差距;下一次我们有哪些地方可以继续改善;我们可以记录哪些值得改善的地方跟别人分享。

这样我们在团队内部开会的时候就可以说:"针对上一次的项目我们来一次 AAR。"一说 AAR 大家就知道,要进行这五个问题的复盘了。这会让一个会议开场变得更有效。

NBA

这里的 NBA 是用 Next、Best、Action 三个英语单词的开头字母构建的,意思是下一步最好的行动或者下一步最优的行动。所以当会议快结束的时候,我们可以让大家留下一个 NBA。

我们可以在团队内部开会的时候合理运用以上方法,比如会议刚开始的时候领导可以说:"我们来针对上一次会议,做一个 AAR 吧。"大家就很清楚自己要做哪些;会议快结束的时候,领导可以说:"我们留下一个 NBA 吧。"大家就会知道要制定下一步的最优行动。

在这里我想给大家补充一点，NBA 中要包含 5W2H。5W 分别为时间（When）、地点（Where）、人物（Who）、是什么（What）、为什么（Why）；2H 分别为怎么做（How）、花多少资源（How much）。因此，我们可以把 5W2H 列到一张表上，在会议快结束时使用。

一次会议，不能议而不决，一定要留下某些决议。这些决议最好包括：我们要采取什么行动，这个行动是什么，这个行动为什么要做，行动什么时候完成，行动由谁负责，行动怎么做，行动要匹配多少资源等。通过讨论，要让大家形成一张含有 5W2H 的 NBA 表格。

不管你带一个怎样的团队，不管你的团队人数有多少，你都不妨在团队内部有意识地引入"团队行话"，并且灵活有效地运用 AAR 和 NBA 的方法。

小结

一个团队凝聚力的重要来源，是一个团队的管理者有意识地在团队内部引入的一些不成文的规定。这种不成文的规定能成为团队成员之间的默契，而这种默契能帮管理者有效地提升团队的凝聚力，从而提升团队的工作效率。

74 协同作战

> 在这个时代有一个词应用非常多,叫作"协同作战"。
> 有句话说得特别好,工业时代的效率,源于明确的分工,每个人都有各自的岗位职责,每个人的岗位职责都写得很清楚:你对谁负责、你对什么业绩负责、你对什么成果负责。
> 可是未来的工作效率将来源于协同作战。

协同作战的言下之意是,每个人的工作界限越来越模糊。在协同作战中,我想强调八个字:运用资源,达成目标。

一个人只要能够做到"运用资源,达成目标",他就是一个很好的管理者。因为所有的管理者本质上都是在为目标负责,而在实现目标的过程中,要学会协调资源,甚至协调一些本来不属于你的资源。

举例分析

有一天妈妈带着孩子去一家超市买东西,他们正在超市里面逛,突然孩子看到超市里有个地方在卖糖果,小孩子都爱吃糖果,于是他就跑到糖果柜台前一直盯着糖果看。虽然很喜欢,但是孩子还是懂礼貌的,他并没有动手去拿糖果。这时超市老板发现了,就对孩子说:"小朋友,你爱吃糖就抓一把吧,叔叔不算钱的。"

超市老板以为他说了之后,小朋友就会抓糖,但是没想到小朋友并没有动,他只是一直盯着糖果。这个时候妈妈也发现了这个问题,妈妈以为孩子是因为自己没有发话,所以才不拿,于是妈妈说:"你想吃就拿吧,叔叔说了不算钱的。"可是没想到孩子依然没有动,还是直勾勾地看着糖果,但就是不拿。

没办法,超市老板于是主动过来,抓了一把糖果给这个小朋友,而且边抓糖果边表扬孩子真懂事。老板抓糖果的时候,小朋友开心得不得了,他立马拿衣服把糖果兜住,然后开开心心地跟妈妈回家了。

走在路上,妈妈问他:"你今天为什么这么腼腆呢?妈妈和叔叔都叫你抓糖,你怎么不抓呢?"

小朋友说:"妈妈,不是我不敢抓糖,我是故意不抓的,叔叔说让我抓一把糖果,可是你看我的手这么小,我抓一把也就是两三颗,如果我再抓第二把,叔叔一定觉得我很贪心。所以妈妈,不是我不抓,我是在等叔叔帮我抓。你看,他也是抓一把,我也是抓一把,可是他的手比我的手大,他可比我抓的多得多了。"

这虽然是一个小故事,但故事里的小朋友说出了运用资源达成目标方法的核心。

有一句话说得好,"资源不在乎天长地久,只在乎曾经拥有"。"天长地久"的意思是很多人总想占有;而"曾经拥有"的意思则是,占不占有不重要,重要的是当我想用的时候我能不能使用。

"协同作战"的本意就是,你并不一定要占有很多的资源,但是当你有了一个明确的目标时,你能调用很多的资源。在这个时代,你能调用很多的资源,比你能占有很多的资源更重要。

大家可以试想一下互联网最伟大的地方是什么?很多人说互联网最伟大的地方是共享,这点当然是对的,如果用更通俗的话来说明,互联网的本质是让你占有的东西更少,但是能调用的东西更多。

就像你打开了"滴滴打车"程序,里面没有一辆车是你的,但每一辆车你都可以使用;你打开"美团外卖"程序,里面没有一个餐馆是你的,但每一个餐馆你都可以点餐;路边这么多的共享单车,没有一辆是你的,但每一辆你都可以使用。

小结

学会运用资源达成目标,以及懂得"资源不在乎天长地久,只在乎曾经拥有",这两点能在很多时候改变你与别人协作时的观点。

那双手是不是我的不重要,重要的是我能不能让那双手为我所用,帮我有效地实现目标。过去的效率源于分工,未来的效率将源于协同作战,协同作战在于调用资源,而不是占有资源。

75 深度工作

> 在这个时代,有一个与每个人的工作都息息相关的词,叫作"深度工作"。我并不想讲深度工作背后的很多原理,只是想简单讲解一下这个词,以及在一本叫作《深度工作》的书中所谈到的几点建议。

深度工作的意义其实有很多,但在这里我只讲一点,那就是经过脑科学的研究,如果我们习惯性地不深度工作,而是肤浅工作,那么这件事情会对大脑造成物理上的伤害。

比如有很多人工作时,微信会时不时地响,这会让人们赶紧过去看一下微信。也就是说人们这一段的工作内容会经常切换。

《深度工作》这本书里面举了个例子,我们会在排队时不断地刷手机。而这种经常让你分神、分心的动作,会对大脑造成物理性的损害,它会让你的大脑习惯这种经常被打断的工作方式,而当你需要完全沉下心来去认真做一件工作的时候,会发现这变得很难。

指导意见

在信息泛滥、互联网交流工具越来越发达的今天,深度工作变得越来越重要,因为持续的肤浅工作会对大脑造成不可逆转的伤害。

那么问题来了,要怎样才能做到深度工作呢?

- **远离网络,这是最容易实现的方式**

虽然对人们来说远离网络已不太可能,但我们可以阶段性地远离网络。比如,一个小时不开微信、不回短信、不看邮箱,在这一个小时当中我要深深地投入到我的主要工作中去。

- **拥抱无聊,无聊的时候不要焦虑、不要慌张**

大家还记得我在讲《慢思考》时说的话吗?存储脑只会在思考脑不工作的时候才开始工作。所以当你一直忙工作、一直不停地思考的时候,其实你的存储脑是没有工作的,也就是说你的信息没有被归类整理。

所以当你无聊的时候,你要学会拥抱无聊,学会享受无聊。即使你没有在做什么事情,但是大脑中的存储脑正在工作。另外,拥抱无聊,也会让你学会与自己相处。

在这个时代,很多人不频繁社交,不在微信朋友圈点赞,不快速回复微信上的消息,就会很慌张、很焦虑。其实这就是我们的大脑已经被这个时代影响了,我们总认为自己要不断地社交、不断地刷存在感、不断地增加被见到的程度,才能体现自己的存在,但是这样做对我们的大脑是有损害的。

为了改变现状，我们要做的第一点就是远离网络，第二点就是拥抱无聊，第三点就是进入深度工作。

深度工作

什么是深度工作呢？《深度工作》这本书给我们总结了两点。

● **第一点，永远把关注点放在最为重要的工作上**

我曾讲到过，最重要的事只有一件，不管你的工作有多忙。20%的工作往往能创造80%的价值，只是你要花时间识别出那20%有价值的工作是什么。所以大家要把有限的精力，尤其是最旺盛的精力放在最重要的事情上。

● **第二点，深度工作要学会抓住引领性指标**

很多人没听过引领性指标这个词，引领性指标对应的是滞后性指标。

先说一下滞后性指标，滞后性指标指的是事情发生之后的指标。我以减肥为例，一个人要减肥五公斤，那么他所测量到的减肥的完成情况，就叫作滞后性指标。意思就是事情做完了、结束了，你才能看到的指标。

那么减肥当中的引领性指标是什么？比如，我每天要控制摄入的热量不能多于多少卡路里，这叫作引领性指标。

我们要善于把握引领性指标，而不要在花了很长时间减肥后才发现五公斤的目标没有达成。

工作的时候学会关注引领性指标,这会让你的工作变得更有价值，也能让你的工作变得更可控。所以进入深度工作包含两点：第一，永远聚焦在最为重要的工作上；第二，关注引领性指标。

小结

　　这篇中我主要讲了三个点：第一，远离网络或者阶段性地远离网络；第二，学会拥抱无聊；第三，学会进行深度工作。希望这些能够给大家带来启发。

76 忠诚管理

> 在商业中,大家都特别希望客户可以对自己忠诚,所以很多企业都有客户忠诚计划,来培养客户对企业的忠诚度。

举例分析

在谈忠诚管理之前,我想先跟大家分享一个例子。有一家卖葡萄酒的公司,出台了一项奖励制度,目的是希望客户更忠诚。奖励制度是这样的:客户买了某个国家的葡萄酒,就能获得一枚该国家的奖章。比如你买了一瓶澳大利亚的葡萄酒,你就会获得一枚澳大利亚的奖章。一年内如果集齐了12枚不同的奖章,就能获得一个更大的优惠。

可是在这个奖励制度里有一个规定,那就是若想拿到更大的优惠,客户必须按照规定的顺序来买葡萄酒。比如按照规定,1月份必须买法国的葡萄酒,2月份必须买澳大利亚的葡萄酒,3月份必须买意大利的葡萄酒……这样一年12个月，每一个月份你要买哪个国家的葡萄酒已经被规定好了。因此，即使你真的很想买12瓶酒，你也没办法按照自己想买的顺序来买，一定要遵循规定好的顺序，只有按照规定好的顺序买酒，才能获得更大的优惠。

有人会认为这个奖励制度看起来过于严格，跟标准的客户忠诚计划相比，这个计划有个奇怪的限制，它可能不太吸引客户，或者在吸引客户后，客户往往会因为规矩太严格，所以只履行了一半就不履行了。

若我是这家葡萄酒公司的老板，想推出这个客户奖励制度，这时我来请教你，你会认为这个奖励制度好吗？

我想大部分人都会认为这个奖励制度的规定很严格，对客户一点吸引力都没有，客户履行规定的概率会特别低。

可事实上这家葡萄酒公司之所以会做这个看似违反直觉的规定，是因为他们通过大量的调查发现，在追求目标的过程中，尽管人们都说自己更喜欢灵活性，但是严格的规定反而能够极大程度地帮助人们完成目标。

这句话的背后，揭示了一个很深刻的道理：如果你有一个计划想吸引别人参与，那么人们会更喜欢你的计划有灵活性，若计划有更大的灵活性，那么人们参与计划的概率会更大。可是当人们开始参与这个计划，开始走上迈向目标的过程中时，若计划没有太多灵活性，甚至计划中的规定很严格，反而会促使人们坚定地朝目标不断前进。

所以，如果葡萄酒公司希望有更多客户参与这个忠诚计划，那么就需要给客户更多的灵活性，也就是顾客不需要按照顺序，可以随心所欲地买酒。这种自由度会更吸引人，因为有很多客户会因此而被说服，加入这个奖励计划。而一旦他们加入了这个计划，原本吸引他们的灵活性，反而会削弱他们完成计划的决心。

根据上面的例子，我们可以得出一个很重要的中层管理理念：一旦追求目标的过程开始了，有灵活行动权的人，完成目标的可能性反而比没有灵活性的人小。

基于前面我谈的这个点，我再给大家描述一个实验。

实验分析

研究人员在市中心一家生意兴隆的酸奶店里做了一个实验，有800位顾客可以拿到一张奖励卡，他们买齐六盒酸奶后就可以免费获赠一盒。但是奖励卡的内容却有所区别：有一半的卡片上写着购买顺序不限，买够六种不同口味的酸奶就可以获得奖励。而另外一半卡片规定了购买顺序。比如香蕉、苹果、草莓、橙子、芒果、葡萄，顾客一定要按照顺序购买才能获得奖励。

在这个前提条件下，研究人员又补充了另外一个条件：在参与活动的人当中，有一半的人拿到的是次日还需要回店来激活的卡片，还有一半人的卡片已经激活了。之所以增加这个条件，是想通过让顾客专门再跑一趟的这个要求，看一看顾客参加活动的动力有多大。

实验的结果和研究人员最初的预想是一样的。那些拿到可以按照自己想买酸奶的顺序购买酸奶的顾客，明显比那些要按照规定顺序购买酸奶的顾客，来激活卡片的欲望高。他们中愿意激活卡片的人有30%，而那些按照规定好的顺序买酸奶的顾客，他们中愿意激活卡片的人只有12%。

由上述实验结果可见，当你想促使更多人参与你的活动的时候，你要让对方看到活动的灵活性。可是有趣的是，如果从完成率的角度来看，情况却刚好相反，那些只能按照规定顺序来买酸奶的顾客，完成活动的概率明显比那些能灵活购买的顾客要高。

所以这就验证了前面的那个结论。当你希望一个人愿意参与一个计划的时候，你要让他看到计划的灵活性；但是当你希望一个人能够完成一个计划的时候，你可以把完成计划的过程，做更严格的限制和规定。因为人们在完成计划的过程中，若没有太多需要决策的地方，也许完成的概率会更高。

上述实验带给我们一个启发：如果你是一个管理人员，你想说服你的下属参加一个新的项目，那么你需要首先考虑一个主要目标，你是想鼓励更多人参与这个项目，还是想鼓励他们坚持到底。

如果你是想说服大家参与这项工作，那么接下来你必须在说服他们的过程中告诉他们，他们的行动是灵活的，他们有很多决策权在里面，你要凸显这个项目的灵活性，这样有助于你说服大家参与这个项目。

可是如果你发现团队的问题不在于大家参不参与，而在于大家在执行的过程中往往不坚持，那你就应该制定一个严谨、结构清晰、按部就班的行动计划，并且强调大家只能执行这个计划，这对于你实现最终的结果会有更大的帮助。

小结

所谓忠诚管理，其实就是当你公布某一个计划，或当你提出某一个想法的时候，你期望别人可以配合。那么首先你就需要考虑一个问题：你是期望别人配合参与，还是希望别人配合把这个计划参与到最后。你需要做两种不同方式的考量：一个是灵活性，一个是严格规定。

希望我谈到的关于忠诚管理的内容，能带给大家一些启发。

77 权力的分类

> 我要与大家谈论一个我认为在职场中大家都需要知道的关于权力的问题。前面我谈过一个话题叫作权力的转移,这篇我想跟大家谈一谈,在职场当中,我们如何认识权力的分类。

权力的分类

权力大概可以分成五类:行政权力、奖励权力、惩罚权力、专家权力、人格魅力。

● 行政权力

若你是经理或者总监,公司在行政上赋予你的某种权力就叫作行政权力。

- **奖励权力**

  由于某种优势地位,你能够提供诸如奖金、表扬等东西,从而诱导别人按你的意志行事的权力。

- **惩罚权力**

  由于某种优势地位,你可向他人施加惩罚性措施的权力。

  奖励和惩罚,其实都是由行政权力带来的。

- **专家权力**

  个人因有某种专门知识和技能而在组织中产生的一种影响力。

- **人格魅力**

  人格魅力还可以叫作关系权力,是指一个人在性格、气质、能力、道德品质等方面具有的很能吸引人的力量。

请问,如果把这五种权力分成两类,你会怎么分?很显然,前三个权力:行政权力、奖励权力、惩罚权力是一类,后两个权力:专家权力和人格魅力属于另一类。

行政权力、奖励权力、惩罚权力是职位带来的,比如你是总经理,那么你就拥有这三个权力,而专家权力以及人格魅力则是人的属性带来的。

职场上常说:"屁股决定脑袋。"屁股指的就是你坐的那个职位,而行政权力、奖励权力、惩罚权力是"屁股"带来的,而专家权力以及人格魅力则是你的脑袋带来的,也是你本身所具有的。

在职场当中,如果你是名管理者,你应该经常思考一个问题:别人之所以会信服你、追随你，是因为你的行政权力、奖励权力或惩罚权力，还是你的专家权力或者人格魅力呢？

如果一个人特别喜欢用前者，那么很多时候这个人在做的工作，其实叫作管理或者控制。如果一个人更倾向用后者，那么这个人在做的工作，更多会倾向于领导。

所以管理者和领导者，其实是有本质区别的，一个人即使管理了一个很大的团队，也不代表他有很强的领导力。也许你有100个下属，但是这100个下属全部是因为你的行政权力才追随你的，因为你坐在那个位置上。若有一天其他人坐在与你同样的位置上，这100个人都会像过去尊重你一样，尊重和信赖那个人，因为他们尊重的并不是你这个人，而是你的职位。

若一个人管理的团队不太大，但是这个团队里面的很多人都信服他的专家权力以及人格魅力，他们其实信服的是这个人的领导力。那么这个人也许会比那个管理100人团队的人，更具领导力。这能给职场中的很多人一个提醒：应该经常问一问自己，自己更常用的是哪种权力。

在《伊索寓言》里有一个故事，大概的意思是，有一只羊，站在高高的屋顶上，对着下面的一只狼不断嘲讽，这只狼抬起头，看了看羊说道："你之所以敢骂我，是因为你现在站的地方比我高。"言下之意就是"有本事下来"。

我在看完这个故事的时候就在想，其实在工作当中，有很多管理者就像那只羊，因为站在一个更高的地方，所以可以趾高气扬地对着下面的一群"狼"大呼小叫、批评指责。其实这并不是因为他比他们更厉害，而只是因为他站的位置更高，拥有所谓行政权力，并且还有一定的权力可以奖励和惩罚。

不要成为那只站在屋顶上的羊,而应该成为让一群狼信服的头狼,我认为这才是一个管理者在职场中应该追求的角色和定位。

小结

在家庭中,很多父母对孩子其实就是指挥、命令和控制。你在用父母这个角色的威严,让孩子惧怕你,其实这与你在职场当中用到的行政权力、奖励权力和惩罚权力是一样的。

而另一些父母就可以和孩子成为很好的朋友,而这个朋友关系的背后,是专家权力和人格魅力。

理解了权力的分类,你或许可以对自己习以为常的做法和表达方式进行更深层的反思。

78 以终为始

> 有一个很重要的词，叫作"以终为始"，有些人会说你说反了，应该是以始为终，我想郑重地重复一遍，不是"以始为终"而是"以终为始"。

"以终为始"这个词源于《高效能人士的七个习惯》，是这本书中提到的第二个习惯。

这个词根据字面的意思就能看懂。以终为始，就是在事情开始的时候，就把最终期望的终极目标想好。用另外一句话来说，就是"不忘初心，方得始终"。

以终为始，在职场当中还可以换成另外一个词，叫作目标管理。在目标管理中，一个人的目标感比目标本身要来得更重要。

有一个很有趣的说法，如果你背着一个双肩包旅行，突然前面出现了一堵高墙，你想翻越这堵高墙，请问第一步怎样做最有效？我想大部分人想到的，大多是找个梯子或者找个石头垫一下之类的方法。

而有一个说法是：其实若有一天你碰到这种情况，第一步应该是把你的双肩包扔过去。因为当你的双肩包过去了之后，你会发现你的目标感会很清晰——你一定要翻越过去，因为自己的包已经过去了。我第一次看到这个故事的时候，就理解了一句话："目标感比目标本身来得更重要。"

以终为始告诉我们，做任何事情你都要知道，这件事情的过程永远只是过程，你一定是为了实现某个目标而奋斗的。

这种话一说起来，大家都会觉得有道理，那我继续问大家一个问题，如果现在是7月份，请问你有没有想过今年春节要怎么过呢？我相信很多人会认为春节还早呢，现在才是7月份，一年才过了一半多，想这么远的事情做什么。我猜测，即使到了国庆节时，一定还会有很多人觉得时间还早，甚至是到了元旦的时候。

可是，以终为始告诉我们，如果现在是7月份，你还没有想春节要怎么过，那其实就已经晚了。

如果回到以终为始这四个字，你会发现它的言下之意是：上一个春节过完了，你就应该想下一个春节怎么过，然后规划这一年为了春节怎么过而不断地努力和奋斗。那么这一年你就能很有目标感地为这件事情奋斗。也许在完成目标的过程中，目标会有所改变、有所调整，但是没关系，目标改变是正常的，主要是要有目标感，而目标感本身比目标来得更重要。

勤劳与奋斗

谈到这里，我想额外补充一个观点。大家仔细体会以下两个词的不同之处。第一个词是勤劳，第二个词是奋斗。这两个词我们太熟悉了，几乎每天都能听到。可是当我们认真地把这两个词摆在一起的时候，我们就会发现，勤劳和奋斗的区别在于奋斗是有目标的，而勤劳往往注重的是过程当中的精神以及方式。

所以很多时候我认为勤劳并不一定很好，因为勤劳也可以用来形容那些努力了很久，但又没有实现目标的人。我们因为他的努力而不忍心去批评他，只能说这个人很勤劳。可是对于那些实现了目标的人，我们往往不会用勤劳形容他们，而是会用奋斗这个词。

就像我们有时能听到"向某人学奋斗"这句话，但是我们很少听到"向某人学加班"。加班是实现目标的过程，如果即使加班最终的目标还没有实现，那加班只是个手段，我们不可能说"向某人学加班"，我们只会说"向某人学奋斗"。因为一个人一定是为了达成某个目标而不断努力。

小结

希望大家看完上述内容能把"以终为始"这个意识刻在脑海里。做任何事情，在这件事情开始之前，我们就应该考虑什么是我们的目标，我们应该采用什么方法，方法也许会变，但目标一定是永远要瞄准的。

有句话叫"计划写在沙滩上，目标刻在岩石上"，计划写在沙滩上，就代表可能很容易改掉，而目标刻在岩石上，则代表不能轻易改变。

79 能力等于选择

> 我想问大家一个问题，一个人能力强的表现是什么？我们说一个人能力很强，也许是他的办公软件操作能力很强，那么他做出来的文档或展示文件会很漂亮；也许是他身强力壮，那么他做一些耗费体力的工作就会比较轻松。我们会认为某些人能力很强，通常是由于他在某一个点上总是能胜于别人。

能力等于选择

在职场中，我想告诉大家一个新的等式，能力很强并不一定等于每一次都能赢，而是等于你的选择很多。言下之意是，能力等于选择。我一直认为这是一个对能力更好的解释。

今天有人骂了你一句，你过去劈头盖脸把他打了一顿，而且你还打赢了，有些人认为这叫能力强。可是，我认为这不算能力强，真正能力强的人是，今天有人把你骂了一顿，你可以选择打他，也可以选择不打他，甚至你可以微笑着看他一眼，然后转身就走。一个人在面对某个外界事件时，清楚自己可以有很多选择，我认为这种人才能真正被称为能力强。

这种人不仅是能力强，而且情商高。我们经常能听到一句话"智商很重要，但是情商比智商更重要"，这是在职场当中很重要的一个原则。

"退一步海阔天空"这句话并不是什么心灵鸡汤。当你退到一个更大的范畴去看能力的时候，你会发现能力最强的那个人并不是每次都去争第一名，也不是每次吵架都能赢、每次战斗都能赢的那个。因为他们很清楚，面对外界发生的自己无法改变的事情，选择以什么形式来应对，让这件事情更有利于自己，才是更深层次的一种能力。

所以我告诉大家"能力等于选择"，这能帮你更好地提高孩子的情商。比如，你问孩子，为什么跟同学打架？我想孩子大概会告诉你，那个人打我或者说我的坏话。这是孩子习惯性的回答，十个孩子当中有九个可能都会这么回答。对于这样的事情，你不一定非要去教育孩子"还手是不对的"这样的道理，或者告诉孩子"你应该怎么样"这样的方法。你不如告诉他如何分析事情。

大家还记得我前面讲到的能力圈么，力所能及和力所不一定能及。同学打你，这是你力所不一定能及的事情。因为同学打你，是外界发生了一个不由你控制的事情。所以你可以和孩子说："同学打你这件事情是你无法决定的。"然后和孩子分析："你今天选择打回去当然可以，这是一种选择，并不怪你。但是除了这一种选择，我们还有没有其他的选择呢？我们是不是还有第二种选择，那就是告诉老师，还有第三种选择，告诉父母，当然还有第四种选择，报警，等等。我们可以有好多种选择，现在我们就来对比一下，这些选择当中，哪一种选择性价比最高？"然后和孩子一起分析。

大家不要认为我这是在开玩笑，事实上现在有很多孩子，最后会选择一种性价比最低的方式。比如，有人打他了，他就做出更加危险的事情伤害对方；有人骂他了，他可能就受不了，闭门不出。虽然这些都是一种选择，但是是所有选择当中性价比最低的方式。

家长应该让孩子知道，面对外界无法改变的事情，无论如何应对，他都是可以选择的。

当然你和孩子讲明白这件事情之前，你自己对能力的认知也要有所改变。

小结

通过上述内容，大家对能力的认知是否发生一点改变？是否认识到这个世界上存在很多的选择？希望关于能力这个词的更多理解，能给各位带来更多的可能性，让你发现，原来很多事情还可以换一种想法。

80 火炉原则

> 在职场中有一个很重要的概念,叫作火炉原则。把"火炉"烧得红红的,放在那里,火炉本身并不会主动烫人,但是只要有人触碰,就必会被烫伤,不会有人例外。

无论你是管理者还是员工,都需要理解好"火炉原则"这个概念。在团队当中,一旦我问大家,执行力重要吗?大家都会认为很重要。落实执行力很重要的一个因素是企业中要有制度。无规矩不成方圆,这里的规矩指的是:一个团队一定要有一些最基本的约束,一定要有大家在内部达成共识的制度。而对这些制度的共同遵守,其实就是一个团队的效率以及一个团队执行力的体现。

火炉原则

让制度得到遵守的背后需要的原则,就是我想要跟大家分享的火炉原则。

一个制度要像火炉一样，这个火炉要符合四个特性，我分别和大家介绍一下。

第一，火炉烧得很红。它的红就告诉我们：你别摸，我很烫。所以你根本不需要去摸它，只需看一眼它，就知道那个火炉很烫，摸一下一定会被烫伤。

这就告诉我们，新制度一定要大张旗鼓地颁发。在制度颁发之初，一定要让所有人都知道这个制度不允许触碰，这个制度像火炉一样，你不要摸。所以，这是火炉原则的第一个特性，叫作警告性。

第二，当一个人碰到了火炉，碰到的那一刻就要让他立马起泡。因为无论再怎么警告，无论再怎么大张旗鼓地告诉大家火炉很烫，总有人会有意、无意地触碰它。而有句话叫"管理，最忌讳的是秋后算账"，你今天摸到了火炉就一定要今天起泡，不能今天摸了，过了好几天才起泡，这会让触摸火炉的人不知道到底是摸了什么东西导致自己起泡的。所以需要奖励和惩罚的事，一发现就要立马兑现，而且让他知道原因。这就是要让他知道，这个火炉是真的烫，触摸就会立马起泡。所以，这是火炉原则的第二个特性，叫作即时性。

第三，任何人摸了火炉，都会被烫起泡。假如一个人摸了火炉，起泡了，这时身边往往会有两种人，一种人会安慰、鼓励他，还有一种人会嘲讽他。而嘲讽他的人有时会因为想显示自己的与众不同有意无意地去触碰一下火炉。可是大家别忘了，火炉烫人，与你的身份是没有关系的，无论你的职级高低，触摸了它你就得起泡。这是火炉原则的第三个特性，叫作公平性。

第四，一个人摸了火炉，起泡了，过了几天好了，但当他再去摸火炉时，还是会起泡。比如一个人好了伤疤忘了疼，他想再去试一下，于是，当他又去摸火炉时，不管摸几次，只要火炉还在，那么被烫的程度都和第一次是一样的。

企业里有很多制度，往往不是因为制度本身的问题，而是因为有些人触犯了太多次，而企业对这种触犯太多次的人慢慢就"免疫"了，不惩罚了，因为企业认为惩罚这种人也没用。企业的这种表现会让所有被惩罚的人认为，自己之所以还被惩罚，是因为摸火炉的次数不够多。所以火炉原则的第四个特性就是连续性。不管你摸几次火炉，你被惩罚的程度都得跟第一次是一样的。

总结一下火炉原则的四个特性：警告性、即时性、公平性、连续性。警告性就是不用摸就知道很烫；即时性就是一摸就起泡；公平性就是谁摸谁起泡；连续性就是摸几次烫几次。

火炉原则能够帮助大家在一个团队里很好地把握制度的底线。一种制度一定要有某种底线才能发挥作用，而且这个底线要让所有人都知道，并且让大家共同遵循维护，这样的团队才更有凝聚力，也才能更有执行力。

小结

如果你是个管理者，听完火炉原则后，可以在团队里给大家分享一下，分享之后，你可以提议团队接下来把每一项制度都当成一个火炉。

一个团队的制度不用太多，但是每确定一个制度，大家都要遵循火炉原则。而没有必要的制度，则尽可能就不要有。

希望火炉原则，能给正在带队伍的人，或者经常因为该不该进行处罚而纠结的人，带来一点小小的启发。

01 最重要的事,只有一件

> 本篇我要谈的是一本书,这本书叫作《最重要的事,只有一件》。下面我就来讲一讲为什么"最重要的事情,只有一件"。

《最重要的事,只有一件》

我想先结合这本书的内容,跟大家分享一下该书作者的创作初衷,以及这本书为何取名叫《最重要的事,只有一件》。这本书的作者之一加里·凯勒是一个房地产公司的老板,他创业的前几年特别顺利,可是当他要拓展国际市场的时候,才发现公司内部出现了很多问题,而且这些问题特别复杂。

加里·凯勒找了各种厉害的人,想尽了各种办法,但始终没办法把公司拉到收入增长的轨道上。这些问题让他愁眉苦脸,焦头烂额。

无奈之下他去拜访了自己的老师,并把公司存在的问题都告诉了老师,请求老师的指导。老师听完后,拿了一张纸,在纸上写了 14 个岗位的名称,并告诉他:"你回去后,只需做一件事情,就是花时间去找能胜任这 14 个岗位的人。其他的事情你都不要管。"

加里·凯勒听完老师的话后有点疑惑,于是就问老师:"我的公司这么大,我的问题这么复杂,您给的解决方案要不要更复杂一点呢?"言下之意就是,我的问题这么多,你给的方案太简单了。这一观点完全符合大部分人的想法,我们总认为问题难办,方法必定不简单。

老师只说让他照做。于是加里·凯勒听从了老师的建议,把纸上写的那 14 个岗位的人辞掉了,其中包括总经理,然后按照老师的建议,去找能够胜任这 14 个岗位的人。当他把这 14 个岗位的人都找齐的时候,他发现过去很多让他焦头烂额的问题,慢慢地都解决掉了。

这件事情给了他一个启发:最重要的,就是做好最重要的那件事情,而并不是把所有的事情都解决得特别完美。按照这个思路,他的公司又发展了几年。

可是几年后,他发现公司又有了新的问题——公司的执行力特别差,这几乎是所有大公司都会有的问题。

为了解决这个问题,他开始参加各种各样的公司会议,想去看一看执行力差的原因是什么。可是他发现自己找不到问题,每次开会大家都罗列了一堆计划,大家都说了很多自己要做的事情。从工作的计划、工作的安排、工作的节奏上,他都看不出任何问题,可公司的执行力越来越差。

这时他又想起了老师曾经告诉他的话,最重要的事只有一件。

于是,他在公司里推行了一个制度,这个制度就是,以后做工作汇报的时候不要罗列那么多计划,每个人罗列完计划后一定要说清楚这些计划中最重要的是什么。比如,这个月、本周、今天我要做的最重要的一件事情是什么。当他发现自己鼓励以及促使大家想明白最重要的事情后，员工的执行力慢慢地提升了。

所以，在《最重要的事，只有一件》这本书里他写了一句话："回顾我经商的历程，回顾我创业的历程，我发现每次我的重大突破，都是我专注做某一件最重要的事情的结果。"

前文我们提到了二八法则，二八法则的意思就是，若你一天清醒十个小时，其实也只有 20% 的时间是精力状态最好的，一家公司也可能只有 20% 的人创造 80% 的价值。所以，永远不要想着把所有的事情都摆平，最重要的是在精神状态最好的时候，做好最重要的那件事情。

小结

《最重要的事，只有一件》这本书，在过去很长时间里给我带来了很大的启发。我们在做任何事情之前，要先思考好，先做完哪一件事情会让其他事情变得更简单，甚至让其他事情变得不那么重要从而可以不用解决了。大家可以花大部分精力去做那一件最重要的事情，这是在职场中每个人都需要具备的一个意识。

不要每天从早到晚，看似做了一堆工作，可是最重要的事情你并没有把它做到最精，或者最重要的事情你并没有花更多的时间去对待。

很多时候我们做的只是紧急的事情，而并没有做那些最重要的事情。有空的时候，大家不妨也看一看这本《最重要的事，只有一件》，相信会带给你更多启发。

82 清单革命

> 有一本书就叫作《清单革命》,很多人会奇怪,清单有什么了不起,需要用一本书来讲?其实在现在这个社会,清单对人们的生活越来越重要,《清单革命》这本书告诉我们清单分了几种形式、可以帮我们解决什么问题等。

现在这个时代是一个复杂的时代。过去建造一栋大楼,一个经验丰富的建筑师或者设计师就能够统筹全局。但是现在要想建造一栋大楼,它的复杂程度往往超出一个人的能力范围,因此需要统筹协调不同的资源,按照特定的方法操作,才可以不受一个人能力范围的限制,做到更加有序、有效。

在进行很多工作时也有类似的情况。当人们驾驶汽车时,只需要记住相应的操作方法和程序,而不需要在驾驶时,对照一个清单一项一项地进行操作。可是,我们常常在影视作品中看到,飞行员在起飞或进行一些操作的时候,要拿一个清单,一项一项地比对操作,这是为什么呢？

无知之错与无能之错的区别

清单可以帮我们规避很普通的错误：无能之错。

错误分为两种：无知之错和无能之错。

我给大家解释一下。比如你让我驾驶飞机，但是我不会，可是你非要让我驾驶。若我在驾驶飞机的过程中，产生差错而造成巨大的事故，这对我来说叫作无知之错。因为我不懂那些知识，所以是我的无知造成的。

无知之错当然很恐怖，但最恐怖的是无能之错。因为当你对这件事情一点都不了解的时候，你往往不能胜任这项重要的任务。就像我不会驾驶飞机，所以根本不会有人让我去驾驶飞机，因为大家知道我不会。

可是现在大部分重大的灾难并不是因为无知之错酿成的，而是因为无能之错酿成的。我还拿飞机的例子给大家解释。犯无能之错的人往往是驾驶飞机的步骤和知识都懂，可是驾驶飞机时，因为各种原因，导致操作失误或者分心，于是造成了巨大的灾难，这个叫作无能之错。也就是知识你都懂，但是你还是犯了这个错误。

而现在大部分的工作都复杂到使人们很容易犯无能之错，所以大家不要太相信自己的记忆力和经验。因为当一件事情极其复杂的时候，你的心情或者你分心都会让你犯错误，而你犯的错误，可能会对结局造成巨大影响。

即使一个人驾驶飞机很有经验，在驾驶前，他一定会按照清单一个一个地去审核和检查。所以大家能看到驾驶飞机的人，在驾驶之前都会拿一个清单在上面打钩。

医院里面也是如此，即使医生是做一个极其简单的手术，在准备做手术前，医生也会拿一个清单在上面打钩。虽然这个手术他做了无数次，已经非常熟悉了，但是，他也要核对好清单，而不会过于相信自己的记忆。因为人的经验和记忆很容易受当下环境的影响。

无能之错包括两种：一种是记忆力和注意力的缺失，另一种是麻痹大意。而这两种失误，即使是有经验的专家也在所难免。

当然大家不需要把清单想得太麻烦，这件事情其实所有人都可以做到。比如，在约翰斯·霍普金斯医院里，所有的医生给病人做静脉置管（打点滴）时，都需要有一个清单，医生和护士必须参照这个清单进行操作。清单有五个步骤，分别是：第一，用消毒皂洗手消毒；第二，用氯己定消毒液对病人的皮肤进行消毒；第三，给病人的整个身体盖无菌手术单；第四，带上医用帽、医用口罩、无菌手套，并穿上手术服；第五，待导管插入之后，在插入点贴上消毒纱布。

在约翰斯·霍普金斯医院，医生必须完全按照上述清单的步骤进行静脉置管，连顺序都不能错。医生刚开始非常排斥，因为这种事情对他们来说已经简单到让他们以为医院在怀疑自己的专业度。

可事实上，就是这么一个小小的清单，约翰斯·霍普金斯医院在静脉置管这件事中，10天之内的感染率从11%下降到了0，15个月中只出现了两起感染。

最终统计显示，清单的实施让约翰斯·霍普金斯医院总共防止了43起感染和8起死亡事故的出现，为医院节省了200万美元的成本，这就是清单的魔力。

因为你专业，所以你能接触到很多重要的工作，甚至是决定别人生死的工作。但也因为你的专业、你的自信而产生的失误，可能带来让人无法承担的后果。

小结

我特别希望大家在工作前,不妨给自己五分钟或十分钟时间,列一下清单,然后再从这些清单中,选择一项或两项最重要的工作。最重要的工作必定要完成,而其他的工作用清单罗列出来,至少能够把大脑腾空。大脑不要用来记忆,大脑应该用来思考。

如果大家有时间可以去翻看一下《清单革命》这本书,然后在工作当中尝试用一下清单,相信对你的工作一定会有所帮助。

83 奥格尔维定律

> 奥格尔维定律，也可以叫作奥格尔维法则。
>
> 奥格尔维是个人名，奥格尔维定律的大概意思是：如果每个人都雇用比自己更强大的人，那么团队将成为巨人团队；如果每个人都雇用比自己更差的人，那么他们就只能做出比你做的更差的事情，而团队也将因越来越差而成为一个"小人国"。

奥格尔维定律的由来

奥格尔维定律来源于一个故事。美国奥格尔维·马瑟公司总裁奥格尔维召开了一个董事会。在会议桌上，他在每个参会的董事面前都摆了一个玩具娃娃，董事们面面相觑，不知何故。奥格尔维说："大家打开看看吧。"于是每个董事各自把娃娃打开，而这时，他们惊讶地发现：打开了最外面的大娃娃，里面还套着一个小一点的娃娃，再打开那个小一点的娃娃，里面还套着一个更小的娃娃。其实听到这里大家就知道了，这是俄罗斯套娃。

董事们继续打开娃娃，里面的娃娃一个比一个小。最后，当他们打开最里面的玩具娃娃时，看到了一张奥格尔维写的小纸条。这个纸条上面写着："如果你经常雇用比你弱小的人，那么将来我们将变成矮人国，变成一家侏儒公司，相反，如果你每次都能雇用比你强大的人，日后我们必定会成为一家巨人公司。"

能当董事的人都很聪明，这些董事们一看就知道了总裁做这件事情的用意。这件事情给董事们留下了深刻的印象，所以在未来的岁月里，他们尽可能地任用比自己更有专长的人才，这就是奥格尔维定律的由来。

每个管理者和创业者都很清楚，我们一定要去吸引并且招到比我们更有才能的人，或者任用在某个专项方面比我们更厉害的人，这样才可能构建出一个更完整、更有特长的团队。

接下来我想借着这个定律，再给大家延伸一下。我觉得每个管理者或者创业者，不仅要招到比自己更厉害的人，更重要的是，在管理的过程中，要让对方变得更重要。但是现实情况是，很多管理者总会做很多事情，尝试让自己变得更重要，而不是让对方变得更重要。

战争时期，有两个人，一个叫 A，一个叫 B，暂且这么称呼他们。这两个人都很厉害，势均力敌，所以在战争爆发后，人们讨论 A 和 B 谁去前线当将军指挥打仗。可是大家选来选去，也没有最终的定论。

于是人们打算请教一位德高望重的老人，问老人应该选谁。老人也不清楚应该选择谁，于是老人让人们安排他分别与 A 和 B 单独吃饭，借此了解一下他们。

第一天，人们安排老人与 A 一起吃饭，这顿饭整整吃了三个小时，饭后人们赶紧问老人："您与A聊了这么久,您觉得A到底怎么样呢？"老人想了很久说："A真的是一个天才,他既懂军事也懂政治,我很骄傲我们国家有像A这样的人才。"

大家一听老人这般称赞A,就想定A为将军,但老人还想和B聊一下。于是第二天,人们安排老人与B吃了一顿饭,这顿饭也整整吃了三个小时。饭后人们问老人觉得B怎么样。老人也想了很久说："我依然认为昨天的A是个天才,可是我今天跟B吃完饭后,我就很纠结,因为B让我觉得,我自己才是这个世界上最厉害的天才。"

老人接着说："A真的很厉害,可是B有一种能力,他会让我觉得我自己也很厉害,我相信在战争中,士兵们都会因为拥有B这样的将军而士气高涨,所以我建议还是选B吧。"

管理中有一句很重要的名言："管理者别忘了要让对方因为你而变得更重要,不要永远凸显自己的重要性。"

不知大家有没有遇到这种情况,在企业中,有些人升职了会感到失落。这是因为有些人在专业岗位做得不错,所以从专业岗位升职到了管理岗位,他们刚刚被提拔上来的那段时间,会觉得很失落。因为以前他们是专业岗位的人,专业岗位的人时时刻刻都要向别人展示自己很厉害,以使别人放心地把事情交给自己。

可是有一天这些人变成了管理者,每天最重要的事情不是要向别人展示自己有多厉害,而是要帮助别人变得更厉害。这就是为什么有些时候明明升职了,有人还会感到失落。这是一个人从专业岗位到管理岗位时心理方面需要转变的一种挑战。

小结

借助奥格尔维定律,我提两点注意事项:一、招聘的时候,要招聘比自己更厉害的人;二、在现实的工作当中永远别忘了一个管理者要让对方变得更重要。

希望大家可以把这两点放到自己身上对照一下,或许能带给你关于职场工作不一样的想法。

04 主动承诺

> 在整个社会的公共服务当中，有很多成本是浪费在人们的爽约上的。比如：我们去餐厅预订了一个位置，因为没有付押金，我们临时改变计划不去时，我们不一定会和餐厅打招呼；我们预约了一个时间去理发，可是临时有变化就不去了，甚至我们约了一个医生的号，因为临时有事也会没有去。

很多公共服务，其实成本是浪费在爽约这件事情中的，如果把这些成本合起来，数字相当吓人。英国医疗行业曾对病人爽约的总成本做了一个估算，每年大概有 8 亿英镑流失。因为人们没有遵守承诺，所以这些成本就白白打了水漂。

其实若想改善这种情况，你只需要对原来的做法进行一个小小的改动，就可以让人们遵守承诺，甚至无须成本的变动，就可获得相当明显的效果。

社会影响的基本原理之一就是承诺和一致性之间的关系。这个原理说的是，大多数人都有着跟自己许下的承诺保持一致的强烈愿望。如果这个承诺是我们主动做出的，而且需要我们花力气去参与，并且会被公之于世，那么人们就更可能遵守承诺。

举例分析

研究者扮演成在海滩游玩的游客，他把一条浴巾还有一个手机放在某个正在晒太阳的人身边，然后自己下海去游泳。实验分为两种情况：一种情况是，研究者在下海游泳前，会请身边晒太阳的人帮忙照看一下手机。这种简单的小忙，绝大部分人会同意；第二种情况是，研究者把毛巾和手机放在晒太阳的人身边，径自下海游泳了，但是没有请旁边晒太阳的人帮忙照看。

接下来，真正的实验开始了，另一名研究人员假扮成小偷，抓起手机就跑。该实验想要证明，得到对方的承诺，会对结果产生影响。

实验结果是当研究者没有主动让对方帮忙照看东西，并得到对方承诺时，20 人中只有 4 人会上前阻止小偷。

而当研究者提出了请求，对方也承诺了，20 个人中有 19 个人会采取行动，这个比例接近 100%。因为他们答应会照看手机了，所以起身追小偷符合他们刚刚的口头承诺。因此一个小小的口头承诺，对遏制海滩上的盗窃行为有极大的帮助。

研究人员针对这一现象，换了一个地方，想要验证一下这个情况对医疗系统会不会有用。为了测试，研究人员找了三名医务繁忙的医生，并在他们的办公室里展开了实验。

如果有人打电话预约看病，约好时间后，研究人员会请他们念出预约的细节。这个微小的改变产生的成效是降低了3%的爽约率。乍一看，3%不是很显著，可是我们需要考虑两个很重要的因素：第一，这个方法不需要成本，在对方预约后，只需让他重复刚刚预约的细节即可；第二，这件事情只需要花一两秒钟的时间就可以做到。虽然3%看起来比例不大，可是在医疗体系中，用电话来预约挂号的比例基数是很大的。一旦基数足够大，3%的数字也是极其可观的。

按我们前面说的，因为人们不守约，英国医疗行业一年损失了约8亿英镑，相当于10亿美元，这也不是一个小数目了。

我们可以把这个方法推广开来，晚上我们想让孩子睡觉的时候，不妨在孩子睡觉的前5分钟或前10分钟从孩子那得到一个承诺。不要到了晚上21：00的时候命令孩子关掉电视，不妨在晚上20：50的时候问孩子，是要现在睡觉还是要再看10分钟就睡？孩子肯定会回答再看10分钟，这就是他对你的承诺，过一会儿他来履行这个承诺的概率就会提升。

有时候获得对方的口头承诺，也并不一定非要那么明显。比如，如果一个业务员想邀请他的客户来听一场演讲，这种演讲算是一个增值的服务，而且可以跟客户有更多的见面机会，可是会有很多客户在你邀请他的时候虽答应下来了，但是却不到场。

所以你在邀请客户的时候，若他答应要来，那么你不妨让客户先提交一个问题。你可以与他说："先生麻烦你先准备一个问题，你可以把这个问题报备给我，因为到时候我们演讲的最后一个环节是提问，您这个问题到时候我会放上去。"

你会发现，虽然你没有获得对方非常明显的口头承诺，但是你让对方准备这件小事情，其实就是不明显的口头承诺。这会让客户最后来参与的可能性大大提升。这些方法都叫"四两拨千斤",会让你在说服对方的时候成功的概率提升。

> **小结**
>
> 　　承诺是一种具有约束力的行为,可以使人们更加坚定地去实现自己的承诺。对方在做出承诺时,会更加明确地了解自己的责任和义务,并且更加自觉地履行承诺。同时,也会提高对方的自尊心和成就感,从而进一步激励他们去实现承诺。

第6章

关键时刻
—— 用巧力而不是用蛮力

听懂了很多道理，却过不好这一生，就像学会了师傅的所有流程，但做出来的味道却跟师傅的不一样。这当中差的可能就是关键的1%，这1%可能是个关键时刻，可能是个关键步骤，也可能是个关键情境。这一篇中，我将向你介绍几种关键的1%。

85 执行意向

> 在关键时候,也许你的一句话、一个行为就能让目标达成的概率提升,本篇我们来谈论与之相关的一个概念:执行意向。

执行意向

当我们努力说服别人采取行动的时候,需要获得对方的一句"好的",这个承诺往往能提升人们采取行动的概率。可是单单让对方说一句"好的",并不足以把事情做成,因为答应的人可能拖着不做。拖着不做有很多原因,并不代表这个人有问题。因为这个时代有太多的事情会分散人们的注意力,虽然对方可能答应你采取行动,但因为有太多的事情在抢夺他的注意力,导致他并不一定会留出足够的注意力来做这件事情。

针对这种情况,我想来讲一下执行意向这个概念。执行意向就是,我们在获得别人的承诺后,通过多问一个问题来提升对方落实这件事情的概率,比如让对方说说打算在何时何地,如何做这件事情,也就是让对方做一个具体的行动计划。行为科学家把这个计划叫作执行意向。

实验分析

研究表明,一个帮助人们产生执行意向的额外动作,可以产生显著的效果。研究人员在美国 2008 年总统大选的时候做了一次实验,研究如何让一个人可以在大选的时候更愿意前往投票站投票。

研究人员会分批拜访那些有投票资格的选民,在拜访他们的时候给他们带过去一封动员信,这封信是鼓励他们前往投票站投票的。信分为三个版本:

第一个版本是标准版,提醒大家大选即将来临,投票是一个很重要的责任,鼓励大家去投票。

第二个版本是自我预测版,它的内容和标准版是一样的,但是会多问一个问题,问大家愿不愿意投票,也就是请人们预测自己是否会参加投票。研究人员会鼓励他们去投票,提升他们投票的概率。

第三个版本是投票计划版,内容和自我预测版是一样的,但是增加了三个问题,这三个问题分别是:什么时候去?从哪里去?投票之前会做些什么事情?问这几个问题,是想让选民通过回答这些问题,为自己那天的投票,制订出较详细的具体计划。这样一来,他们就有可能按计划行动。

实验结果是，用第三个版本的人，也就是收到投票计划版本的人，接到动员信并且认真回答了有执行意向的问题后，他们的实到率会比收到第二个版本的高出 4%，会比收到第一个版本，也就是标准版的高出 9.1%。

小结

当你想鼓励人们去参与一件事情的时候，你除了要获得他的承诺外，不妨再多问一个问题，比如你准备从哪里去？你准备什么时候去？

在工作中，如果我们希望一个人周三的下午四点能过来开会，我们习惯性的问法是："这周三下午四点你能来开会吗？"他可能回答："会的，我会去。"接下来你不妨再换一个问题，比如：这周三下午四点开会之前你准备做些什么？你会从哪个地方去开会？

这些问题的增加，能够让对方的实到率大大提升，不管他这个具体的计划是公开承诺的还是私底下承诺的，对于他最后履行诺言，都有巨大的效果。

在关键时刻，也许你多问一个执行意向类型的问题，会让你说服别人或者实现期望的目标有更大的成功概率。

86 决策树模型

> 决策树模型听起来似乎很专业,其实它很简单,大家可以把它想象成一个树状图。

只要有纸有笔,我们就可以通过寥寥几笔给自己画一个树状图,这能够帮你在当下做出更好的选择。

大家可以在脑海里想象树状图的样子。有一个点,然后分成两个叉。两个分叉,可能分别叫作选择以及不选择,你可以在选择这个点上,再往下分叉,以此类推它就成了一个金字塔形状或者一个树状图。决策树的分支就是我们可以选择的事件,以及由事件形成的结果。比如:你面对一个皮包有两种选择,买或者不买,所以你的树状图就是以买不买包为原点开始的。

举例分析

周末你去一个城市约会,需要买火车票,但是有三个前提条件:第一,你可以买今天下午三点的车票,每张车票 200 元;第二,你离火车站比较远,所以有 40% 的概率你赶不上这趟三点的车;第三,你还可以买四点的火车票,但是票价为 400 元,四点的车你肯定能赶得上。

假设车票是不能退钱的,如果你买了三点的车票,那么若你没有搭上车,你这 200 元就会浪费,你需花 400 元重新买四点的车票。可万一你能赶得上三点的车,你却没买,你待会儿还要多花 200 元买 400 元的车票。现在问题来了,请问你买不买三点的车票?

我们可以画一个树状图,基于一个原点出发,你的树状图分为两叉,一个是买三点的票,另一个是不买三点的票。若买三点的票,接下来你就到了第二个点,又存在两种可能性,一种是赶得上,另一种是赶不上。赶得上的比例是 60%,赶不上的比例是 40%。

接下来我给大家解释一下这个树状图在决策中的用法。

从第一个原点开始,你有两种选择,一种是买三点的票,另一种是不买三点的票。若你不买三点的票,那么很确定,你要花 400 元,所以不买三点的票这个分叉,你一共要花 400 元。而若你买三点的票,你有两种可能性,一种是 60% 赶得上,你只需花 200 元;另一种是 40% 赶不上,你不仅要花 200 元,还要再多花 400 元。

画完了这张图,接下来就可以计算了。我们可以这样计算:60% 赶得上只花 200 元,因此用 60%×200。40% 赶不上要花 600 元,所以用 40%×600。最后你得出的算式应该是 60%×200+40%×600,得出的答案是 360。

这 360 就是你要买三点的这个票最终得到的价值，即把所有的概率都算上、把所有的可能性都算上它的价值是 360。而不买三点的票的价值是 400，显然 360 比 400 要少，我们用下面的图展示一下。

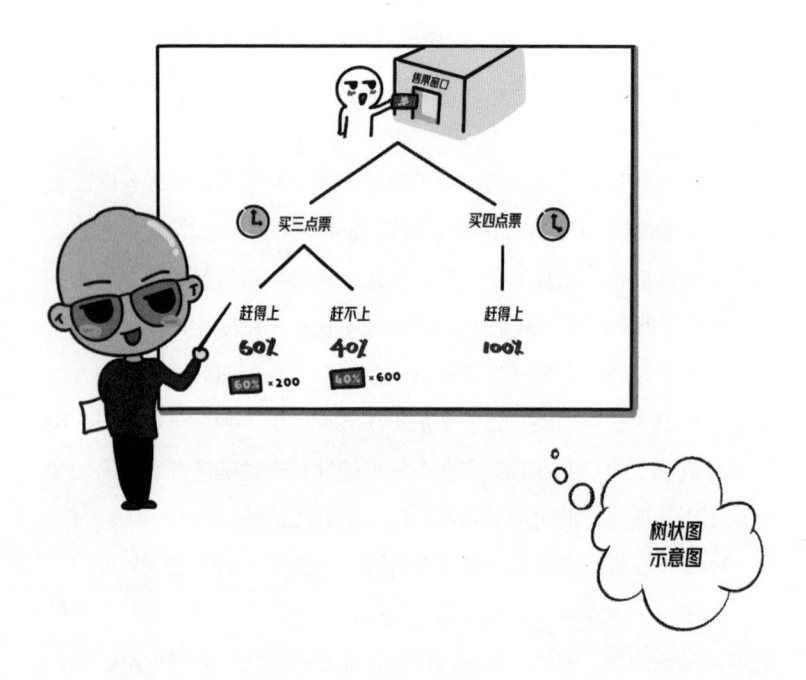

树状图示意图

所以综上所述，要买三点的票，因为买三点的票花费 200 元，你花的综合成本计算下来是 360 元。而你不买三点的票，板上钉钉要花 400 元。

最后的结果是，你应该赶紧买三点的票，然后尽可能赶上三点的车。即使你最后没有赶上三点的车，成为很不幸的 40% 当中的一个人，你的分析也是正确的，至少决策树帮你在这一刻做了最合适的选择。

接下来我考考大家，大家可以在纸上画一画。

你走进一家 4S 店看中了一款车，想马上把它买下来，可是在准备签合同的时候，突然听到旁边有人说，这款车下个月会做活动，如果做活动的话，这辆车可能会优惠 2000 元。你心动了，于是你就没有签合同，而是回家收集了一些数据。经过分析，你得出了一个数据，这款车下个月优惠 2000 元的可能性有 40%。但是如果你不买车，这个月你需要花 500 元去租一辆车。那么问题来了，你是要现在买车，还是要等到下个月优惠 2000 元之时再买呢？

现在大家罗列一下条件：第一，你可以马上买车，不等优惠，多花 2000 元；第二，你可以先不用多花 2000 元，而是花 500 元去租一辆车，下一个月再买车，可是下一个月，按照你的分析，这辆车优惠 2000 元的可能性只有 40%。

大家不妨用树状图来画一画，结合我上一道题的分析，其实很容易就能得出答案。你不妨试试看。

小结

决策树模型是一种流程图式的决策支持工具，通过分析不同的选项和条件，决策树可以帮助我们预测不同决策带来的结果，它不一定会每次都让你做出最优选择，但能帮你在大部分情况下规避最差选择。

87 远一点的机会

> 我要给大家介绍一个很有意思的方法,叫作"远一点的机会"。生活中会有很多麻烦、棘手的事情,我们总会说:"睡一觉,第二天再想吧!"或者"为什么不退一步,退一步海阔天空啊"。这些我们习惯说的老话,能给我们什么启发呢?

远一点的机会

"睡一觉,第二天再想吧!""退一步海阔天空。"我们总认为这些话是给自己的一种心理安慰,可事实上这种方法是有道理的,它能让我们离问题更远一些,而这个"远一些",对我们解决问题是有帮助的。昨天纠结的问题到今天也许你突然就想明白了,你会换一个新的视角来看待这个问题。让大脑休息一个晚上,它会给你带来新的思路。

但我给大家介绍的方法更有趣,它不仅拉远了你与事情的心理距离，更重要的是拉远你与事情的物理距离，也就是实实在在的距离。

比如，当你向潜在客户演示或者提交方案的时候，特别是在早期，你不妨请准客户在考虑你的产品和服务时先退一步，我说的这个退一步并不是指心理上的退一步，而是实实在在地让他在电脑或者跟你的演示材料之间退一步，把物理距离拉大。这样能够让他们更容易地做出与你合作的决定。

这就得出一个结论，人与问题之间的实际距离，会影响你对这个问题难易程度的判断。

实验分析

在一个实验中，一些受测者需要大声地读出电脑屏幕上显示的单词，可是这些单词实际上都是捏造出来的，或者是特别拗口难念的伪单词。在这些伪单词出现之前，工作人员会要求一半的受测者把身体往前倾，拉近他们与伪单词之间的实际距离，而另外一半的受测者则被要求身体往后靠，拉远与伪单词之间的距离。

最后读完伪单词后，受测者需要回答这样一个问题：刚刚这个单词好读吗？发音的难度怎么样？你打个分吧。

实验结果显示，比起那些身体往前倾的受测者，身体往后靠的受测者会感觉这个单词更容易念出来。这个实验证明了，当你面对一个棘手的问题时，不妨往后退一步，站远一点看问题，也许就能改变你对这个问题难易程度的认知，会觉得这个问题没有那么棘手。

有时我们可能会考虑要不要买一件东西、判断一个东西适不适合自己。而物理距离也会影响买不买东西的概率。实验人员又做了一项实验，让受测者对一些电子产品做出评估和选择。比如照相机、电脑等。这些产品非常相似，很难让人做出选择，而且工作人员会清楚地告诉受测者，这些产品在价格上基本是一样的，没有什么合算不合算。

实验人员调整了受测者和产品之间的距离，一些人可以近距离看产品，另一些人要离得远一点看产品。看完产品后，受测者需要马上做出选择，挑出最喜欢的产品，并且当场决定是购买还是推迟决定。

实验结果和单词实验结果是一样的，后退的受测者认为评估的任务更容易，也就是他们当下做出购买决定的比例比另外一组高。而另外一组近距离看产品的人，选择的更多是推迟决定，考虑一下再买。

我想大家听完我描述的这两个实验后，会将信将疑，离得远一点的方法真有这么好用吗？其实让对方往后退一步，离得远一点，往往会让他对问题的难易程度的感知有所偏差。这个策略概括起来，就是把人与选择之间的实际距离拉大，这样可以显著提高人们做出购买决策的速度。换句话说，站得远一点，人们对复杂、纠结、难以分辨的产品的选择会变得更容易一些。

回到工作中，这个方法可以给我们一些启发，大家不妨尝试一下。比如：你今天需要给客户演示一个东西，那么尽可能不要用笔记本电脑演示。因为若用笔记本电脑，客户必须凑近看。在有投影仪的情况下，不如用投影仪，让客户与演示材料离得更远一点。所以，能用电脑就不要用手机，能用投影仪就不用电脑。这样也许能够提升成交的概率。

小结

生活中我们谈的"退一步海阔天空""睡一觉再来决定",只是把时间的距离拉远了,或者让心理上的距离变远。

而实实在在地把物理距离拉大,能让你的决策变得更高效,甚至对于提高销售者的成交率也有很大的帮助。

88 激发意义

> 本篇我们谈一个关键词，叫作"激发意义"。每个人无论是在工作还是在生活中，很多时候都会自我激励，让自己变得有干劲。但是随着时间的推移，随着事情变多，很多时候我们的状态是起伏不定的。有些时候我们满怀斗志，有些时候我们会陷入波谷。

在前文我数次提到《幸福的方法》这本书，书中有一个公式：

$$幸福 = 现在 \times 未来$$

现在代表的就是快乐，是当下能感受得到的，而未来其实指的就是意义。

一个人做某件事情会让自己有幸福感,除了这件事情在当下能带给自己某些快乐外,更重要的是这些事情在他看来是有意义的。比如:陪伴孩子成长,阅读,去做一件自己认为当下不见得有收益但对自己的人生有意义的事情。意义这个词永远存在抽象的世界当中。

意义让我们对未来的工作拥有更强的斗志。面对未来时,我们可以告诉自己有很多计划和目标,但是抽离这些计划和目标,我认为每个人在规划自己未来的工作时,都应该问自己一个问题,那就是这个工作对我未来的人生意义是什么。

这就相当于,企业都要回答一个问题:自己的愿景和使命是什么。回答清楚了愿景和使命,才能讲清楚企业的战略是什么,才更长远地激发组织内部的每一个人。

我们在学化学的时候学过,有些东西用火一点它就燃烧,这些东西叫可燃物。可燃上升一个层次是易燃,易燃上升一个层次是自燃。每个人都应该成为"自燃型"的人,也就是你能够自我激励。

有些人属于"不燃型",无论你怎么点火,他都不会燃烧,有些人是"可燃型",有些人是"易燃型",但不管是'可燃'还是'易燃',终究都需要有火源,需要靠近"明火"才能燃烧。而一个能够不断激励自己的人无疑属于"自燃型",甚至还能够去引燃别人,这就说明这类人不需要火源,甚至还能成为别人的火源。

这些人一定是因为他们能把自己做的事情,抽象成某一种意义,这种意义能激发他们在当下度过自己状态的波谷。而最有效地体验意义的方法,其实就是不断提醒一个人要为将来的自己负责任。

实验分析

有一个实验,研究人员召集了 200 名并没有积极地为自己的退休计划做努力的人,实验人员想鼓励他们为自己的退休计划做一些努力。参与这项研究的人都会收到一条消息,提醒他们参与退休储蓄的重要性,为自己的退休生活做点准备,并且强烈建议他们提高退休的储蓄率。

根据随机的分组,这些受测者会得到两段不一样的信息。

第一种版本叫作标准的未来利益,受测者会看到这样一条信息:我们请你认真地考虑未来的利益,请你认真开始准备一点钱吧,毕竟长远的福祉正变得岌岌可危,你现在的角色将决定你未来退休的时候能获得多少钱,能过得有多好。这是标准版的说法。

第二种版本是有意地将"为将来的自己负责"这些字眼凸显出来。这些人得到的信息是:我们请你认真地考虑,你需要为将来的自己负责,所以请你现在就开始存一点钱吧,毕竟将来的自己过得好不好,全要仰仗现在的你,你现在的角色将决定你未来过得好不好、你在未来能够获得多少财务安全感。

分别收到这两种信息的人,最后投资自己退休计划的储蓄率是有很大不同的。这也就验证了,当一个人能更多地为将来的自己做点考虑的时候,其实能够有效地帮他在现在做出一些更有益的行为。引导一个人去关注将来的自己,其实就是引导一个人去关注他现在做的这件事情的意义。

小结

一个人不管是分析商业，还是获得人生经验，都是希望自己在生活中能够越来越幸福。幸福 = 现在 × 未来，幸福 = 快乐 × 意义，一个人单有当下的快乐是远远不够的，我们需要立足现在的自己，考虑未来的自己。

当一个人考虑未来的时候，需要多对自己说一些涉及意义层面的话，这能为你现在的工作带来源源不断的动力。